The Secret

El Secreto

EL SECRETO

. EDICIONES URANO
Argentina - Chile - Colombia - España Estados Unidos -
México - Uruguay - Venezuela

Como es arriba, es abajo.
Como es dentro es afuera.

La Tabla de Esmeralda, *circa* de 3.000 a.C.

Dedicado a Ti

Que El Secreto te aporte amor y
felicidad durante toda tu existencia.

Esta es mi intención para ti
y para el mundo

Índice

Prologo

Hace un año mi vida se había desmoronado. Estaba exhausta, mi padre murió repentinamente y mis relaciones con mis compañeros de trabajo y mis seres queridos eran desastrosas. Poco podía imaginarme por aquel entonces que de toda esa desesperación llegaría el más grande de los regalos...

Tuve una fugaz revelación de un Gran Secreto: El Secreto de la vida. Esa fugaz revelación me llegó gracias a un libro centenario que me regaló mi hija Hayley. Empecé a buscar los orígenes de El Secrete en la historia. No podía creer que hubiera tantas personas que lo conocieran. Eran algunos de los personajes más grandes de la humanidad: Platón, Shakespeare, Newton, Víctor Hugo, Beethoven, Lincoln, Emerson, Edison, Einstein...

Todavía incrédula pregunté: « ¿*Por qué no es de dominio publico?*» Me consumía un ardiente deseo de compartir El Secreto con el mundo y empecé a buscar personas que lo conocieran.

Entonces, empezaron a aparecer una tras una. Yo era como un imán: cuando empecé a buscar, los grandes maestros vivos fueron apareciendo sucesivamente. Cuando descubría a un maestro, éste me conducía al siguiente, en un encadenamiento perfecto. Si en algún momento me desviaba del camino, siempre había algo que captaba mi atención y gracias a esa desviación aparecía el siguiente gran maestro. Si «accidentalmente» clicqueaba el link incorrecto en una búsqueda en Internet, eso me conducía a una información vital. En unas pocas semanas había seguido la pista de El Secreto retrocediendo varios siglos en la línea del tiempo y había descubierto a sus practicantes actuales.

La idea de desvelar El Secreto al mundo por medio de un film documental se había afianzado en mi mente y en los dos meses siguientes mi equipo de producción y realización aprendió El Secreto. Era imprescindible que todos los miembros lo conocieran, porque sin conocerlo, lo que pretendíamos era imposible.

No teníamos garantizada la participación en el film de ninguno de los maestros, pero conocíamos El Secreto y con una gran fe viajé de Australia a Estados Unidos donde residían la mayoría. A las siete semanas de nuestra llegada habíamos filmado a cincuenta y cinco grandes maestros de todo el país y teníamos más de ciento veinte horas de documental. En cada paso que dábamos, en cada respiración, utilizamos El Secreto para crear *El Secreto*. Literalmente atrajimos a todas las cosas y personas hacia nosotros. Ocho meses después se estrenó *El Secreto*.

Mientras el documental arrastraba por el mundo, empezaron a surgir historias de milagros: la gente nos escribía contándonos casos de sanación de dolores crónicos, de depresión y de otras enfermedades; de volver a caminar después de un accidente e incluso de recuperarse después de haber estado en el umbral de la muerte. Nos han llegado cientos de relatos de personas que han utilizado El Secreto para amasar grandes fortunas y que han recibido cheques inesperados por correo. La gente ha aplicado el conocimiento de El Secreto para manifestar sus deseos sobre hogares perfectos, parejas, coches, trabajos y ascensos. También hay muchos casos de negocios que han sufrido transformaciones en cuestión de días tras haberlo aplicado. Se sabe de conmovedores casos de relaciones conflictivas —con niños implicados— en los que se ha restaurado la armonía.

Algunas de las historias más espléndidas que hemos recopilado son de niños que han utilizado El Secreto para atraer lo que deseaban, incluyendo buenas notas y amigos. El Secreto ha inspirado a algunos médicos a compartir su conocimiento con sus pacientes; a que universidades y escuelas hicieran lo mismo con sus alumnos, a que iglesias y centros espirituales de todos los credos lo compartieran con sus seguidores. Ahora se celebran reuniones de v en hogares de todo el mundo, a medida que las personas van compartiendo este conocimiento con sus seres queridos y familiares. El Secreto se ha utilizado para atraer todo tipo de cosas, desde un estado de humor específico hasta diez millones de dólares. Todo esto ha tenido lugar en unos pocos meses desde que se estrenó el documental.

Mi intención al crear *El Secreto* era —y es— aportar felicidad a millones de personas en todo el mundo. El equipo de El Secreto experimenta el fruto de esa intención todos los días, puesto que recibimos antes y miles de cartas de personas del mundo entero, de todas las edades, razas y nacionalidades, expresando gratitud por la dicha que les ha aportado El Secreto. No hay nada que no puedas hacer con este conocimiento. No importa quién seas o lo que hagas, El Secreto puede darte todo lo que quieras.

Veinticuatro maestros asombrosos protagonizan este libro. Grabamos sus palabras en Estados Unidos, en diferentes lugares y momentos, sin embargo, todos hablan como una sola voz. Este libro contiene las palabras de los maestros de El Secreto y también las milagrosas historias de El Secreto en acción. Comparto contigo todos los caminos sencillos, consejos y atajos que he aprendido para que puedas vivir la vida de tus sueños.

A lo largo del libro observarás que algunas veces las palabras «Tú» y «Ti» están escritas con mayúsculas. La razón es porque quiero que tú, el lector, sientas y sepas que he creado este libro para ti. Cuando digo «Tú», te estoy hablando personalmente. Lo que quiero es que te sientas personalmente conectado con estas páginas, porque El Secreto ha sido creado para Ti.

Conforme vayas leyendo y aprendas El Secreto, descubrirás cómo puedes tener, ser o hacer todo lo que quieras. Sabrás quién eres realmente. Conocerás el verdadero esplendor que te espera.

LISA NICHOLS

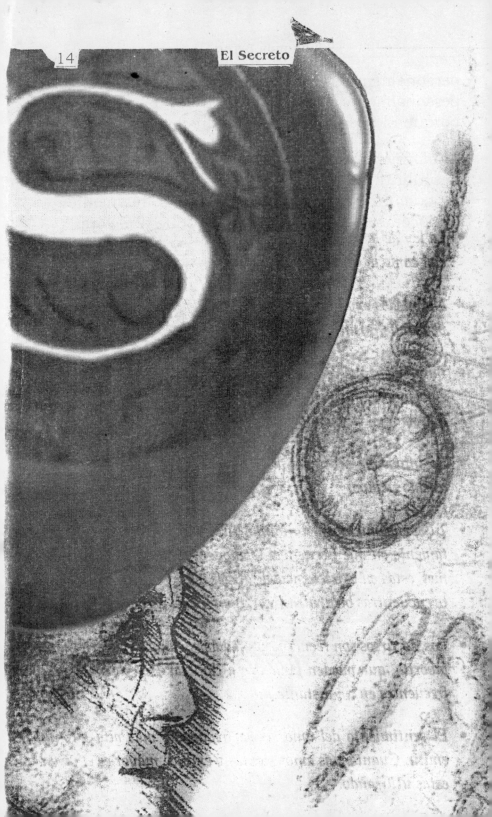

Agradecimientos

Me siento profundamente agradecida a todas las personas que se han cruzado en mi vida y que me han inspirado, conmovido e iluminado con su presencia.

También quisiera expresar mi reconocimiento y mi gratitud a las siguientes personas por su extraordinario apoyo y sus contribuciones en mi viaje y en la creación de este libro:

Por compartir generosamente su sabiduría, amor y divinidad rindo homenaje a los coautores de *The Secret* — *El Secreto*: John Assaraf, Michael Bernard Beckwith, Lee Brower, Jack Canfield, dr. John Demartini, Marie Diamond, Mike Dooley, Bob Doyle, Hale Dwoskin, Morris Goodman, dr. John Gray, dr. John Hagelin, Bill Harris, dr. Ben Johnson, Loral Lange-meier, Lisa Nichols, Bob Proctor, James Ray, David Schirmer, Marci Shimoff, dr. Joe Vitale, dr. Denis Waitley, Neale Donald Walsch e dr. Fred Alan Wolf.

A los extraordinarios seres humanos que forman el equipo de producción de *The Secret* — *El Secreto*: Paul Harrington, Glenda Bell, Skye Byrne y Nic George. También a Drew Heriot, Daniel Kerr, Damian Corboy y a todos aquellos

que nos acompañaron en la creación de la
película *The Secret* — *El Secreto*.

A James Armstrong, Shamus Hoare y Andy Lewis
de Gozer Media, por la creación de las soberbias
imágenes y por conseguir impregnarlas de la
esencia de El Secreto.

Al diretor ejecutivo de El Secreto, Bob Rainone,
que nos llegó caído del cielo.

A Michael Gardiner y al gabinete de
asesoramiento financiero y legal en Austrália y en
Estados Unidos.

Al equipo de la página web de El Secreto: Dan
Hollings, John Herren, y a todos los miembros de
Powerful Intentions que dirigen el Foro de El
Secreto y a todas las personas maravillosas que
participan en él.

A los grandes avatares y grandes maestros del
pasado, cuyos escritos encendieron el poderoso
fuego del deseo en mi interior. He caminado a la
sombra de su grandeza y honro a cada uno de
ellos. Mi más especial agradecimiento a Robert
Collier e Robert Collier Publications, Wallace
Wattles, Charles Haanel, Joseph Campbell y
Joseph Campbell Foundation, Prentice Mulford,
Genevieve Behrend y Charles Fillmore.

A Richard Cohn y Cynthia Black, de Beyond
Words, y a Judith Curr, de Simon & Schuster,
por abrirme sus corazones y acoger El Secreto. A

Henry Covi y Julie Steigerwaldt por su trabajo de corrección del texto.

A Cathy Goodman; Susan y Colin Sloate; Susan Morrice, directora de Belize Natural Energy; Jeannie MacKay; y Joe Sugarman.

Al doctor Robert Anthony, Jerry y Esther Hicks y a las enseñanzas de Abraham, David Cameron Gikandi, John Harricharan, Catherine Ponder, Gay y Katie Hen-dricks, Stephen MR Covey, Eckhart Tolle y Debbie Ford, por sus inspiradoras enseñanzas. A Chris y Janet Attwood, Mareia Martin, miembros del Transformational Leaders Council, al Spiritual Cinema Circle, al personal de Agape Spiritual Center, y a los ayudantes de todos los maestros que aparecen en *The Secret — El Secreto,* por su generosa ayuda.

A mis queridos amigos, por su amor y apoyo: Marcy Koltun-Crilley, Margaret Rainone, Athena Golianis y John Walker, Elaine Bate, Andréa Keir, y Michael e Kendra Abay. Y a mi sorprendente familia: Peter Byrne; mis queridísimas hermanas: Jan Child, por su valiosa ayuda en la creación de este libro; Pauline Vernon, Kaye Izon (fallecida) y Glenda Bell, que siempre ha estado a mi lado y cuyo amor y apoyo no tienen límites. A mi valiente y hermosa madre Irene Izon, y a la memoria de mi padre, Ronald Izon, cuya luz y amor siguen iluminando nuestras vidas.

Por último, a mis hijas, Hayley y Skye Byrne. A Hayley, a quien debo el comienzo de mi vida y de este viaje, y a Skye, que siguió mis pasos en la creación de este libro y que corrigió y transformó brillantemente mis palabras. Mis hijas son las joyas más valiosas de mi vida y con su mera existencia me impregnan de luz cada vez que respiro.

El Secreto Revelado

BOB PROCTOR

FILÓSOFO, ESCRITOR Y CONSULTOR PERSONAL

El Secreto te concede todo lo que deseas:

Felicidad, salud y riqueza.

DR. JOE VITALE

METAFÍSICO, ESPECIALISTA EN MARKETING Y ESCRITOR

Puedes tener, hacer o ser lo que quieras.

JOHN ASSARAF

EMPRESARIO Y EXPERTO EN EL ARTE DE GANAR DINERO

Podemos tener todo lo que queramos.
No me importa su magnitud.

¿En que tipo de casa quieres vivir? ¿Quieres ser millonario? ¿Qué tipo de negocio quieres tener? ¿Quieres más éxito? ¿Qué es lo que realmente quieres?

DR. JOHN DEMARTINI

FILÓSOFO, QUIROPRÁTICO, SANADOR Y ESPECIALISTA EN TRANSFORMACIÓN PERSONAL

Este es el gran secreto de la vida.

DR. DENIS WAITLEY

PSICÓLOGO Y ENTRENADOR EN EL CAMPO DEL POTENCIAL DE LA MENTE

Los líderes del pasado que conocían El Secreto no querían compartir su poder. Ocultaban El Secreto a los demás. Las personas iban a trabajar, hacían sus tareas y regresaban a sus hogares. Seguían una rutina carente de poder, porque El Secreto era sólo para unos pocos...

A lo largo de la historia muchos han codiciado el conocimiento de El Secreto y muchos descubrieron la forma de transmitirlo al mundo...

MICHAEL BERNARD BECKWITH

VISIONARIO Y FUNDADOR DE AGAPE INTERNATIONAL SPIRITUAL CENTER

He visto muchos milagros en las vidas de las personas.

Milagros económicos, de curaciones tanto físicas como mentales y de las relaciones.

JACK CANFIELD

ESCRITOR, PROFESOR, COACH DE VIDA Y ORADOR MOTIVACIONAL

Todo esto ha sucedido por saber aplicar El Secreto.

¿Que es El Secreto?

BOB PROCTOR

Probablemente te estés preguntando: « ¿Qué es El Secreto?» Te explicaré como lo entiendo yo.

Todos trabajamos con un poder infinito.
Todos nos guiamos por las mismas leyes.
Las leyes naturales del Universo son tan

*exactas que ni tan siquiera tenemos
problemas para construir naves espaciales,
podemos enviar personas a la Luna y
programar el alunizaje con una precisión de
una fracción de segundo.*

*Dondequiera que estemos India, Australia,
Nueva Zelanda, Estocolmo, Londres,
Toronto, Montreal o Nueva York— todos
trabajamos con el mismo poder. Una sola
Ley. ¡La atracción!*

¡El Secreto es la ley de la atracción!

*Todo lo que llega a tu vida es porque tú lo
has atraído. Y lo has atraído por las
imágenes que tienes en tu mente. Es lo que
piensas. Todo lo que piensas lo atraes.*

«Cada uno de tus pensamientos
Es un objeto real: una fuerza»

Prentice Mulford (1834-1891)

Los grandes maestros de todos los tiempos nos han enseñado que la ley de la atracción es la ley más poderosa del Universo.

Poetas como William Shakespeare, Robert Browning y William Blake lo expresaron en su poesía. Músicos como Ludwig van Beethoven lo expresaron con su música. Artistas como Leonardo da Vinci lo representaron en sus cuadros. Grandes pensadores como Sócrates, Platón, Ralph Waldo Emerson, Pitágoras, sir Francis Bacon, sir Isaac Newton,

Johann Wolfgang von Goethe y Victor Hugo, lo compartieron en sus escritos y enseñanzas. Sus nombres han sido inmortalizados y su legendaria existencia ha sobrevivido el paso de los siglos.

Religiones como el hinduísmo, las tradiciones herméticas, el budismo, el judaísmo, el cristianismo y el islam, y civilizaciones como la babilónica y la egipcia, lo han transmitido en sus relatos e historias. Esta ley, omnipresente en todas las eras, se puede encontrar en narraciones antiguas de todos los tiempos. Fue grabada en piedra en el año 3000 a C. Aunque algunos codiciaron este conocimiento, y de hecho lo consiguieron, siempre ha estado al alcance de quien quisiera descubrirlo.

Esta ley existe desde los albores del tiempo. Siempre ha existido y siempre existirá.

Esta ley rige todo el orden del Universo en cada momento de tu vida y en todas las cosas que experimentas. No importa quién seas o lo que hagas, la ley de la atracción es la que modela tu experiencia total de la vida y lo hace a través de tus pensamientos. Tú eres quien activa la ley de la atracción a través de tu mente.

En 1912 Charles Haanel describió la ley de la atracción como «la ley más grande e infalible de la que depende todo el sistema de la creación»

 BOB PROCTOR

Los sabios siempre lo han sabido. Puedes
remontarte hasta los babilonios. Siempre lo

*han sabido. Se trata de un pequeño grupo
selecto de personas.*

Los estudiosos han documentado bien la vida de los
antiguos babilonios y su inmensa prosperidad.
También son famosos por haber creado una de las
Siete Maravillas del Mundo, los Jardines Colgantes de
Babilonia. Gracias a su comprensión y aplicación de
las leyes del Universo, se convirtieron en una de las
civilizaciones más prósperas de la historia.

BOB PROCTOR

*¿Por qué crees que un 1 por ciento de la
población gana aproximadamente el 96 por
ciento de todo el dinero del mundo? ¿Crees
que es por casualidad? Está diseñada de
este modo. Es porque entienden algo.
Entienden El Secreto y ahora tú estás
siendo introducido al mismo.*

Las personas que han acumulado riqueza han
utilizado El Secreto conciente o inconscientemente.
Tienen pensamientos de abundancia y riqueza y no
permiten quien en sus mentes arraiguen
pensamientos contradictorios. En ellas predominan
los pensamientos de abundancia. Sólo *conocen* la
riqueza y en sus mentes no cabe nada más. Tanto si
son conscientes como si no, esos pensamientos de
riqueza son los que les han aportado la riqueza. Es la
ley de la atracción en acción.

Un ejemplo perfecto para demostrar El Secreto y la
ley de la atracción en acción es éste: puede que
conozcas a alguna persona que ha acumulado una

gran riqueza, que la ha perdido y que al poco tiempo la ha vuelto a recuperar. Lo que sucede en estos casos es que los pensamientos de esas personas, conscientes de ellos o no, son predominantemente de riqueza; así es como la consiguieron en un principio. Luego permitieron la entrada de su mente de pensamientos de miedo a perder la riqueza, hasta que estos pensamientos vencieron a los otros. Inclinaron la balanza de los pensamientos de riqueza en favor de los pensamientos de pérdida y así esas personas lo perdieron todo. Sin embargo, una vez hubieron perdido su riqueza, el miedo a la pérdida desapareció y la balanza se decantó otra vez hacia los pensamientos de riqueza. Y volvió el dinero.

La ley responde a tus pensamientos, sean los que sean.

Lo Semejante atrae a lo Semejante

JOHN ASSARAF

Para mí la forma más sencilla de contemplar la ley de la atracción es pensar que soy un imán, porque sé que un imán atrae las cosas hacia él.

¡Eres el imán más poderoso del Universo! Tienes un poder magnético en tu interior que es más fuerte que ninguna otra cosa de este mundo y este poder magnético insondable se emite a través de tus pensamientos...

BOB DOYLE

ESCRITOR Y ESPECIALISTA EN LA LEY DE LA ATRACCIÓN

Simplificando, la ley de la atracción dice que lo semejante atrae a lo semejante. Pero, en realidad, nos estamos refiriendo a un plano mental.

La ley de la atracción dice que *lo semejante atrae a lo semejante,* y así cuando tienes un pensamiento, también estas atrayendo pensamientos *semejantes.* Aquí tienes algunos ejemplos más de la ley de la atracción que puede que hayas experimentado en tu vida:

¿Has empezado a pensar alguna vez en algo que te disgustara y cuanto más pensabas en ello peor te parecía? Esto es porque cuando mantienes un pensamiento la ley de la atracción inmediatamente atrae a más pensamientos *semejantes.* En cuestión de minutos generas tantos pensamientos *semejantes* de infelicidad que la situación parece empeorar. Cuanto más piensas en ello, peor te sientes.

Puede que hayas experimentado lo que es atraer pensamientos *semejantes* al escuchar una canción y luego no poder sacártela de la mente. La canción seguía sonando en tu cabeza. Cuando la escuchabas, aunque no te dieras cuenta, le estabas prestando toda tu atención y enfocándote en ella. Al hacerlo, estabas atrayendo con fuerza más pensamientos semejantes a los de esa canción y la ley de la atracción empezó a actuar aportando incesantemente pensamientos afines.

JOHN ASSARAF

Nuestra labor como seres humanos es mantener los pensamientos que queremos, tener totalmente claro en nuestra mente lo que queremos, y desde esa base empezar a invocar una de las grandes leyes del Universo: la ley de la atracción. Te conviertes en lo que más piensas, pero también atraes lo que más piensas.

Ahora tu vida es un reflejo de tus pensamientos anteriores. Eso incluye todas las cosas buenas y todas las que no lo son. Puesto que atraes lo que más piensas, es fácil comprobar qué pensamientos han dominado tu mente en todos los aspectos de tu vida, porque eso es lo que has experimentado. ¡Hasta ahora! Ahora estás aprendiendo El Secreto y con este conocimiento puedes cambiarlo todo.

BOB PROCTOR

Si lo ves en tu mente, lo tendrás en tu mano.

Cuando sabes lo que quieres y lo conviertes en tu principal pensamiento, lo *atraes* a tu vida.

MIKE DOOLEY

ESCRITOR Y ORADOR INTERNACIONAL

Y ese principio se puede resumir en una
breve frase.

¡Los pensamientos se materializan en objetos!

Mediante esta poderosa ley, tus pensamientos se
convierten en los objetos que hay en tu vida. ¡Tus
pensamientos se materializan en objetos! Repite esto
una y otra vez y deja que este pensamiento penetre
en tu conciencia. ¡Tus pensamientos se materializan
en objetos!

JOHN ASSARAF

*Lo que la mayor parte de las personas no
entienden es que un pensamiento tiene
una frecuencia. Se puede medir un
pensamiento. Por lo tanto, si piensas en
algo repetidamente, si en tu mente
imaginas que tienes un coche nuevo, que
cuentas con el dinero que necesitas, que
estás creando tu propia empresa, que
encuentras a tu alma gemela... Si te estás
imaginando cualquiera de estas cosas,
estás emitiendo constantemente esa
frecuencia.*

DR. JOE VITALE

Los pensamientos envían una señal

magnética que está atrayendo hacia ti una
señal paralela.

«El pensamiento o actitud mental
predominante son el imán, y la ley es
que lo semejante atrae a lo semejante,
por consiguiente, la actitud mental atraerá
invariablemente aquellas condiciones
que se correspondan a su naturaleza.»

Charles Haanel (1866-1949)

Los pensamientos son magnéticos y tienen una frecuencia. Cuando piensas, esos pensamientos son enviaros al Universo y atraen magnéticamente todas las cosas *semejantes* que están en la misma frecuencia. Todo lo que se envía vuelve a su origen y ese origen eres Tú

Míralo de este modo: todos sabemos que una torre de transmisión de televisión emite sus señales a través de una frecuencia, que se transforma en imágenes en nuestro televisor. La mayoría de las personas no acabamos de entender cómo funciona, pero sabemos que cada canal tiene una frecuencia y cuando la sintonizamos vemos las imágenes. Elegimos la frecuencia seleccionando un canal y luego recibimos las imágenes que están siendo retransmitidas por el mismo. Si queremos ver otras imágenes, cambiamos de canal y sintonizamos con otra frecuencia.

Eres una torre de transmisión *humana* y eres más potente que ninguna torre de transmisión que exista sobre la tierra. Eres la torre de transmisión más potente del Universo. Lo que transmites crea tu vida y crea el planeta. La frecuencia que transmites atraviesa ciudades, países e incluso el planeta. Reverbera por todo el Universo. ¡Y estás transmitiendo esa frecuencia *con tus pensamientos*!

Las imágenes que recibes de la transmisión de tus pensamientos no se proyectan en la pantalla del televisor de tu sala de estar, ¡son las imágenes de tu *vida*! Tus pensamientos crean la frecuencia, atraen cosas *semejantes* a esa frecuencia y luego te las devuelven en forma de las imágenes de tu vida. Si quieres cambiar algo, cambia de canal y de frecuencia, cambiando de pensamientos.

> *«Las vibraciones de las fuerzas mentales son las mejores y por lo tanto las más potentes de la existencia».*
>
> *Charles Haanel*

BOB PROCTOR

Contémplate viviendo en la abundancia y la atraerás hacia ti. Siempre funciona, para todas las personas.

Si piensas que vives en la abundancia, estás determinando consciente y poderosamente tu vida a través de la ley de la atracción. Es así de fácil. Pero luego nos planteamos la pregunta más evidente: «¿Por qué no viven todas las personas la vida de sus sueños?»

Atrae lo Bueno en Vez de lo Malo

JOHN ASSARAF

Éste es el problema. La mayoría de las personas piensan en lo que no quieren y no dejan de preguntarse por qué se manifiesta una y otra vez.

La única razón por la que las personas no tienen lo que quieren es porque piensan más en lo que *no quieren* que en lo *que quieren*. Escucha tus pensamientos y tus palabras. La ley es infalible y no comete errores.

La epidemia de «no quiero» es la peor de las que ha padecido la humanidad y lleva siglos causando estragos. La gente mantiene viva la enfermedad al pensar, hablar, actuar y enfocarte predominantemente en lo que «no quiere». Pero nuestra generación cambiará la historia, porque estamos recibiendo el conocimiento que puede liberarnos de esta epidemia. Empieza por ti y puedes llegar a ser un pionero de esta nueva forma de pensamiento, simplemente pensando y hablando de lo que quieres.

BOB DOYLE

A la ley de la atracción no le importa si tú percibes algo como bueno o como malo, si lo quieres o si no lo quieres. Sólo responde a tus pensamientos. De modo que si estás contemplando tu montaña de deudas y te sientes fatal por ello, ésa será la señal que estarás emitiendo al Universo: «Me siento fatal por todas las deudas que tengo». Te lo estás afirmando a ti mismo. Lo sientes en todos los planos de tu existencia. Por lo tanto, obtendrás más de lo mismo.

La ley de la atracción es una ley de la naturaleza. Es impersonal y no ve cosas buenas o malas. Está recibiendo tus pensamientos y devolviéndotelos en la experiencia de tu vida. La ley de la atracción simplemente te da lo que estás pensando.

LISA NICHOLS

ESCRITORA Y DEFENSORA DE LA
DELEGACIÓN PERSONAL DE PODER

La ley de la atracción es muy obediente. Cuando piensas en lo que quieres te enfocas en ello con toda tu fuerza, en cada momento, te dará exactamente lo que quieres. Cuando te enfocas en las cosas que no quieres —«No quiero llegar tarde, no quiero llegar tarde»— LA LEY DE LA ATRACCIÓN NO OYE EL «no quiero» Manifiesta lo que estás pensando y lo hará una y otra vez. La ley de la atracción no sabe de «quieros y no quieros». Cuando te enfocas en algo, sea lo que sea, estás provocando que se manifieste.

Cuando centras tus pensamientos en lo que quieres y mantienes ese enfoque, estás invocándolo con la fuerza más poderosa del Universo. La ley de la atracción no computa el «no» ni cualquier otra palabra de negación. Las negaciones que pronuncias las recibe la ley de la atracción:

«No quiero que se me derrame nada sobre esta prenda.»

> *«Quiero que se me derrame algo sobre esta prenda y quiero derramar más cosas.»*

«No quiero que me corten mal el pelo.»

> *«Quiero malos cortes de pelo.»*

«No quiero que nada me retrase.»

> *«Quiero retrasos.»*

«No quiero que esa persona sea grosera conmigo.»

> *«Quiero que las personas sean groseras conmigo.»*

«No quiero que el restaurante dé a otro cliente nuestra mesa.»

> *«Quiero que los restaurantes den a otros clientes nuestras mesas.»*

«No quiero que me duelan los pies con estos zapatos.»

> *«Quiero que me duelan los pies.»*

«No puedo hacer todo este trabajo.»

> *«Quiero más trabajo que no sea capaz de hacer.»*

«No quiero tener la gripe.»

> *«Quiero tener la gripe y más enfermedades.»*

«No quiero discutir.»

«Quiero discutir.»

«No me hables de ese modo.»

«Quiero que me hables de ese modo y que también lo hagan otras personas.»

La ley de la atracción te está dando lo que piensas y punto.

BOB PROCTOR

La ley de la atracción está actuando, tanto si lo crees y lo entiendes como si no.

La ley de la atracción es la ley de la creación. ¡La física cuántica nos dice que el Universo entero ha surgido de un pensamiento! Tú creas tu vida a través de tus pensamientos y de la ley de la atracción, y todos los seres humanos lo hacemos. No es que sólo actúe si la conoces. Siempre ha actuado en tu vida y en la vida de todos los seres humanos a lo largo de la historia. Cuando eres *consciente* de esta gran ley, eres *consciente* de tu increíble poder, que te permite llegar a PENSAR tu propia vida para que se manifieste.

LISA NICHOLS

Mientras sigas pensando la ley seguirá actuando. En cualquier momento en que fluyen tus pensamientos la ley de la atracción está actuando. Cuando piensas en el pasado, la ley de la atracción está actuando. Cuando piensas en el presente o

en el futuro, la ley de la atracción está
actuando. Es un proceso incesante. No
puedes apretar la tecla de «stop». Siempre
está actuando mientras haya pensamientos.

Tanto si somos conscientes de ello como si no,
pensamos casi todo el tiempo, cuando hablamos o
escuchamos a alguien, estamos pensando. Cuando
leemos un periódico o vemos la televisión, estamos
pensando. Cuando recordamos cosas del pasado,
estamos pensando. Cuando consideramos algo sobre
nuestro futuro, estamos pensando. Cuando
conducimos, pensamos. Cuando nos arreglamos por
la mañana, estamos pensando. Para muchas
personas el único momento en que no piensan es
cuando duermen, sin embargo, las fuerzas de la
atracción siguen operando sobre nuestros últimos
pensamientos antes de dormirnos. Procura que esos
pensamientos antes de dormirte sean buenos.

MICHAEL BERNARD BECKWITH

La creación se produce constantemente.
Cada vez que alguien tiene un
pensamiento o piensa prolongadamente
de una manera, se está produciendo un
proceso de creación. Algo se manifestará
de esos pensamientos.

Lo que piensas ahora creará tu vida futura. Tú creas
tu vida con tus pensamientos. Como siempre estás
pensando, siempre estás creando. Aquello en lo que
más piensas es lo que se manifiesta en tu vida.

Al igual que todas las leyes de la naturaleza, esta ley

encierra la máxima perfección. Tú te has creado tu vida. ¡Lo que has sembrado es lo que recoges! Tus pensamientos son las semillas y la cosecha dependerá de las semillas que hayas plantado.

Si te quejas, la ley de la atracción te traerá con fuerza más situaciones para que puedas seguir quejándote. Si escuchas a otra persona quejarse y te estás enfocando en su lamento, en ese momento, estarás atrayendo más situaciones a tu vida para que te lamentes.

La ley simplemente está reflejando y devolviéndote justamente aquello en lo que te estás enfocando. Con este poderoso conocimiento puedes cambiar cualquier circunstancia y acontecimiento de tu vida, cambiando tu modo de pensar.

BILL HARRIS

PROFESOR Y FUNDADOR DEL CENTERPOINT E RESEARCH INSTITUTE

Tenía un alumno que se llamaba Robert, tomaba uno de mis cursos online, gracias al cual tenía acceso a mí por e-mail.

Robert era homosexual. En sus e-mails reflejaba todas las desafortunadas realidades de su vida. En su trabajo, sus compañeros se metían con él. Lo cual le resultaba muy estresante por lo desagradables que eran. En la calle era abordado por homófobos que no le ahorraban insultos. Quería ser humorista y cuando actuaba en algún local le abucheaban por ser gay. Toda su vida estaba marcada por la infelicidad y la desgracia, provocadas principalmente por los constantes ataques que sufría por ser homosexual.

Le enseñé que se estaba enfocando en lo que no quería. Le remití el e-mail que me había enviado: «Vuelve a leerlo. Mira todas las cosas que me dices que no quieres. Puedo asegurarte que estás muy apasionado con todas ellas y cuando te enfocas con pasión en algo, ¡haces que suceda más deprisa!»

Luego empezó a practicar lo de enfocarse en lo que quieres de todo corazón. Lo que sucedió en las siguientes seis u ocho semanas fue un milagro. Todos los compañeros de su oficina que le habían molestado fueron transferidos a otro departamento, abandonaron la empresa o dejaron de meterse con él. Empezó a gustarle su trabajo. En la calle nadie le molestaba. Simplemente no se tropezaba con ningún homófono, cuando contaba chistes, le aplaudían a rabiar y ¡dejaron de abuchearle!.

Toda su vida cambio porque en lugar de enfocarse en lo que no quería, en lo que tenía, en lo que quería evitar, empezó a hacerlo en lo que quería.

La vida de Robert cambió porque cambió su forma de pensar. Emitió una frecuencia distinta al Universo, que *debe* transmitir las imágenes de la nueva frecuencia, por imposible que parezca la situación.

Así, los nuevos pensamientos de Robert se convirtieron en su nueva frecuencia y cambiaron las imágenes de toda su vida.

Tu vida está en tus manos. No importa dónde estés ahora ni lo que te haya sucedido, puedes empezar a elegir conscientemente tus pensamientos y a cambiar tu vida. No hay situaciones sin esperanza ¡Todas las circunstancias de tu vida pueden cambiar!

El Poder de tu Mente

MICHAEL BERNARD BECKWITH

Atraes los pensamientos predominantes en tu conciencia, tanto si son conscientes como si son inconscientes. Ésa es la cuestión.

Tanto si has sido consciente de tus pensamientos en el pasado como si no, *ahora* estás a punto de serlo. En este momento, con el conocimiento de El Secreto, estás despertando de un sueño profundo y ¡empiezas a ser consciente! Consciente del conocimiento, consciente de la ley, consciente del poder de tus pensamientos.

DR. JOHN DEMARTINI

Cuando se trata de El Secreto, del poder de nuestra mente y del poder de nuestra intención en nuestra vida cotidiana, si observamos detenidamente nos daremos cuenta de que todo ya está a nuestro alrededor. Lo único que hemos de hacer es abrir los ojos y mirar.

LISA NICHOLS

Puedes ver la ley de la atracción por todas partes. Lo atraes todo hacia ti, las personas, el trabajo, las circunstancias, la salud, la riqueza, las deudas, la felicidad, el coche que conduces, la comunidad en la que vives. Lo has atraído todo como si fueras un imán. Aquello en lo que piensas es lo que atraes. Toda tu vida es una manifestación de los pensamientos que te pasan por la mente.

Estamos en un Universo de inclusión, no de exclusión. Nada está excluido en 1 ley de la atracción. Tu vida es un espejo de tus principales pensamientos. Todos los seres vivos de este planeta están sujetos a la ley de la atracción. La diferencia en los seres humanos es que tienen mente para discernir. Pueden usar su libre albedrío para *elegir* sus pensamientos. Tienen el poder de pensar intencionadamente y crear toda su vida con su mente.

DR. FRED ALAN WOLF

FÍSICO CUÁNTICO, ORADOR Y ESCRITOR GALARDONADO

No estoy hablando de hacerse

ilusiones o de alucinaciones. Te estoy hablando de un nivel más profundo de entendimiento básico. La física cuántica empieza a orientarse hacia este descubrimiento. Nos dice que no podemos tener un Universo sin una mente y que la mente da forma a todo lo que percibimos...

Si piensas en la analogía de ser la torre de transmisión más potente del Universo, verás la correlación perfecta con las palabras del doctor Wolf. La mente piensa y las imágenes se nos devuelven como la experiencia de nuestra vida. No sólo creas tu vida con tus pensamientos, sino que éstos realizan una poderosa aportación a la creación del mundo. Si has pensado que eres insignificante y que no tienes ningún poder en el mundo, vuelve a pensar. Tu mente está dando *forma* al mundo que te rodea.

El sorprendente trabajo y los descubrimientos de los físicos cuánticos en los últimos ocho años nos han proporcionado un mayor conocimiento del insondable poder que tiene la mente humana para crear. Su trabajo corrobora las palabras de algunas de las grandes mentes de este mundo, como Carnegie, Emerson, Shakespeare, Bacon, Krishnamurti e Buda.

BOB PROCTOR

El hecho de que no entiendas la ley no significa que la rechaces. Puede que no entiendas la electricidad, pero gozas de sus beneficios. No sé como actúa, pero sí sé esto: ¡puedes cocinar la comida de una persona con electricidad y también puedes cocinar a la persona!

MICHAEL BERNARD BECKWITH

Muchas veces, cuando las personas empiezan a comprender el Gran Secreto, se asustan al comprobar todos los pensamientos negativos que tienen. Se ha demostrado científicamente que los pensamientos afirmativos son cien veces más poderosos que los negativos. Eso elimina un grado de preocupación.

Son realmente necesarios muchos pensamientos negativos y muy persistentes para atraer algo negativo a tu vida. Sin embargo, si insistes en tus pensamientos negativos durante un tiempo, *acabarán* manifestándose. Si te preocupas por tus pensamientos negativos, atraerás más preocupación sobre los mismos y los multiplicarás. Decide ahora mismo que sólo vas a tener pensamientos positivos. Al mismo tiempo, proclama al Universo que todos tus buenos pensamientos son poderosos y que los negativos son débiles.

LISA NICHOLS

Gracias a Dios, existe una dilación en el tiempo y que nuestros pensamientos no se materializan en el acto. Tendríamos muchos problemas si así fuera. El elemento de dilación en el tiempo es para nuestro bien. Nos permite reflexionar, pensar en lo que queremos y cambiar de decisión.

Todo el poder para crear tu vida lo tienes ahora mismo en tus manos, porque es ahora cuando estás pensando. Si has pensado en algo que no sería conveniente cuando se manifestara, ahora mismo puedes cambiar ese pensamiento. Puedes borrar tus pensamientos anteriores sustituyéndolos por otros buenos. El tiempo actúa a nuestro favor porque podemos corregir nuestros pensamientos y emitir una nueva frecuencia, ¡*ahora* mismo!

DR. JOE VITALE
Has de ser consciente de tus pensamientos y elegirlos cuidadosamente, además te debes divertir, porque eres la obra maestra de tu propia vida. Eres el Miguel Angel de tu vida. El David que estás esculpiendo eres tú mismo.

Una forma de dominar tu mente es aprender a acallarla. Todos los maestros de este libro sin excepción meditan diariamente. Hasta que descubrí El Secreto no me día cuenta de lo poderosa que puede ser la meditación. La meditación silencia la mente, te ayuda a controlar tus pensamientos y revitaliza tu cuerpo. La gran noticia es que no es necesario que medites durante horas. Para empezar basta con tres o diez minutos, y eso te conferirá un enorme control sobre tus pensamientos.

Para ser *consciente* de tus pensamientos, también puedes adoptar la intención de manifestar la fórmula «Yo soy el amo de mis pensamientos». Repitiéndola a menudo, meditando en ella y manteniendo esa intención, por la ley de la atracción lo conseguirás.

Ahora estás recibiendo el conocimiento que te permitirá crear la mejor versión de Ti mismo. La posibilidad de esa versión de Tí mismo ya existe en la frecuencia de «la versión más sorprendente de Tí». Decide lo que quieres ser, hacer y tener, piensa en ello, emite esa frecuencia y tu visión se plasmará en tu vida.

Resumen de El Secreto

- El Gran Secreto de la Vida es la ley de la atracción.

- La ley de la atracción dice que *lo semejante atrae a lo semejante*, así que cuando tienes un pensamiento, también estás atrayendo pensamientos *semejantes*.

- Los pensamientos son magnéticos y tienen una frecuencia. Cuando piensas, los pensamientos son enviados al Universo y atraen magnéticamente a todas las cosas que están en la misma frecuencia. Todo lo que enviamos regresa a su origen: tú.

- Eres como una torre de transmisión humana, que transmite una frecuencia con sus pensamientos. Si quieres cambiar algo en tu vida, cambia de frecuencia cambiando tus pensamientos.

- Tus pensamientos actuales están creando tu vida futura. Aquello en lo que más piensas o te enfocas es lo que se manifestará en tu vida.

- Tus pensamientos se convierten en objetos.

El Secreto Simplificado

MICHAEL BERNARD BECKWITH
Vivimos en un Universo donde existen leyes, al igual que existe la ley de la gravedad. Si te caes de un edificio, no importa que seas buena o mala persona, chocarás contra el suelo.

La ley de la atracción es una ley de la naturaleza. Es tan imparcial e impersonal como la de la gravedad. Es precisa y exacta.

DR. JOE VITALE
Todo lo que te rodea en estos momentos en tu vida, incluidas las cosas que no te gustan, lo has traído tú. Estoy seguro de que lo que vas a oír no te va a gustar. Enseguida vas a responder: «Yo no he atraído el accidente de coche. No he atraído a este cliente al que no soporto. No he atraído contraer esta deuda». Y yo estoy aquí para decirte cada cara que sí lo has hecho. Éste es uno de los conceptos más difíciles de comprender, pero una vez lo aceptas transforma tu vida.

Muchas veces cuando las personas oyen esta parte de el Secreto recuerdan acontecimientos históricos donde se han perdido millones de vidas y les resulta incomprensible que tantas personas hubieran atraído ese hecho. Por la ley de la atracción, tenían que encontrarse en la misma frecuencia que ese acontecimiento, aunque eso no significa que pensaran en ese hecho exactamente, pero la frecuencia de sus pensamientos era la misma que la de ese acontecimiento. Cuando las personas creen que pueden estar en el lugar erróneo en el momento erróneo y que no tienen control sobre sus circunstancias externas, si persisten esos pensamientos de miedo, separación e impotencia, pueden atraer justamente lo que más temen

Ahora tienes una oportunidad. ¿Quieres creer que es como una tómbola y que te pueden suceder cosas malas en cualquier momento? ¿Prefieres creer que puedes estar en el lugar erróneo en el momento erróneo, que no tienes control sobre las circunstancias?

¿O prefieres creer y *saber* que la experiencia de tu vida está en tus manos y que sólo vas a recibir cosas *buenas* porque así lo crees? Puedes elegir, y lo que elijas pensar *se convertirá* en la experiencia de tu vida.

No puedes experimentar nada a menos que lo invoques persistentemente con tus pensamientos.

BOB DOYLE

La mayoría de personas atraemos las cosas automáticamente. Pensamos que no tenemos ningún control. Nuestros pensamientos y sentimientos están en modo piloto automático y todo nos llega por defecto.

Nadie atrae nada que no desee deliberadamente. Sin conocer El Secreto, es fácil comprobar cómo pueden haber sucedido algunas cosas indeseadas en tu vida o en la de otras personas. Simplemente se debe a una falta de conciencia del gran poder creativo de nuestros pensamientos.

DR. JOE VITALE
Si es la primera vez que oyes esto, puede que pienses: «¡Vaya! ¿He de controlar mis pensamientos? Eso me va a costar mucho». Al principio puede parecerlo, pero ahí está lo divertido.

Lo divertido es que hay muchos atajos para El Secreto y has de elegir los que mejor se adapten a ti. Sigue leyendo y verás cómo

MARCI SHIMOFF
ESCRITORA, ORADORA
INTERNACIONAL Y LÍDER
TRANSFORMACIONAL
Es imposible controlar todos nuestros pensamientos. Los científicos nos dicen que tenemos unos sesenta mil pensamientos al día. ¿Puedes imaginarte lo agotador que sería intentar controlar todos esos pensamientos? Afortunadamente hay una vía más sencilla y son nuestros sentimientos. Nuestros sentimientos nos ayudan a saber lo que estamos pensando.

La importancia de los sentimientos nunca se resaltará suficiente. Los sentimientos son nuestra mejor herramienta para ayudarnos a crear nuestra vida. Los pensamientos son la causa primera de todo. Todo lo que vemos y experimentamos en este mundo son su efecto y eso incluye los sentimientos. La causa siempre son tus pensamientos.

BOB DOYLE

Las emociones son un don increíble que tenemos para saber lo que estamos pensando.

Los sentimientos nos dicen rápidamente lo que pensamos. Observa tus sentimientos cuando de pronto pasas un bache, quizá porque te han dado malas noticias. La sensación en el estómago o en el plexo solar es instantánea. Tus sentimientos son una señal inmediata para saber lo que estás pensando.

Necesitas ser consciente de *cómo* te sientes y sintonizar con tus sentimientos, porque es la forma más rápida de saber lo que estás pensando.

LISA NICHOLS

Tienes dos tipos de sentimientos: los buenos sentimientos y los malos. Conoces la diferencia entre ambos porque unos te hacen sentirte bien y otros mal. La depresión, la ira, el resentimiento y la culpa. Esos sentimientos merman tu fuerza. Son los malos sentimientos.

Nadie puede decirte si te sientes bien o mal, porque tú eres el único que sabe cómo te estás sintiendo en un momento dado. Si no estás seguro de tus sentimientos, pregúntate: « ¿Cómo me siento?» Puedes detenerte un momento y plantearte esta pregunta varias veces al día y cada vez que lo hagas serás más *consciente* de cómo te sientes.

Lo más importante es que sepas que es imposible sentirse mal y tener buenos pensamientos a la vez. Eso desafiaría la ley, porque tus pensamientos son los que provocan tus sentimientos. Si te sientes mal, es porque tienes pensamientos que te *hacen* sentir mal.

Tus pensamientos determinan tu frecuencia y tus sentimientos te dicen inmediatamente en qué frecuencia estás. Cuando te sientes mal, estás en una frecuencia en la que atraes más cosas malas. La ley de la tracción *ha de* responder devolviéndote más imágenes de cosas malas y que empeoran tu estado de ánimo.

Cuando te encuentras mal y no haces ningún esfuerzo por cambiar tus pensamientos para encontrarte mejor, en realidad estás diciendo: «Tráeme más circunstancias que me hagan sentirme mal. ¡Tráelas!».

 LISA NICHOLS

La otra cara de la moneda es tener buenas emociones y sentimientos. Sabes cuándo llegan porque te sientes bien. El entusiasmo, la felicidad, la gratitud, el amor. Imagina que pudieras sentir eso todos los días. Cuando celebras los buenos sentimientos, atraes más buenos sentimientos y cosas que te hacen sentir bien.

BOB DOYLE

En realidad es muy sencillo. «¿Qué estoy atrayendo en estos momentos?» Bueno, ¿cómo te sientes? «Me siento bien». Bien, sigue así.

Es imposible sentirse bien y tener pensamientos negativos al mismo tiempo. Si te sientes bien, es porque tienes pensamientos positivos. Puedes conseguir lo que te propongas en la vida, no hay límites. Pero hay una condición: has de sentirte bien. Y si piensas en ello, ¡no es eso lo que siempre has deseado? En realidad, la ley es perfecta.

MARCI SHIMOFF

Si te sientes bien, estás creando un futuro que seguirá la senda de tus deseos. Si te sientes mal, estás creando un futuro que se desviará de la senda de tus deseos. La ley de la atracción está actuando en cada segundo. Todo lo que pensamos y sentimos está creando nuestro futuro. Si estás preocupado o tienes miedo estás atrayendo más de lo mismo a tu vida.

Cuando te sientes bien, forzosamente se debe a que tienes pensamientos positivos. Por lo tanto, estás en el camino y estás emitiendo una poderosa frecuencia que atraerá más cosas buenas que harán que te sientas bien. Atrapa esos momentos en los que te sientes bien y exprímelos. Sé consciente de que te sientes bien, de que estás atrayendo más cosas buenas.

Vayamos un paso más allá. ¿Y si tus sentimientos se estuvieran comunicando desde el *Universo* para que supieras lo que estás pensando?

JACK CANFIELD
Nuestros sentimientos son un mecanismo de retroalimentación para indicarnos si estamos en el camino, si nos hemos desviado.

Recuerda que tus pensamientos son la causa primera de todas las cosas. Cuando mantienes un pensamiento durante un tiempo, éste se transmite al Universo. Ese pensamiento se adhiere magnéticamente a la frecuencia de lo *semejante* y en cuestión de segundos te devuelve la lectura de esa frecuencia a través de tus sentimientos. Dicho de otro modo, el Universo se comunica contigo a través de tus sentimientos para decirte en qué frecuencia te encuentras en este momento. *¡Tus sentimientos son tu mecanismo de retroalimentación para conocer tu frecuencia!*

Cuando tienes sentimientos positivos, el Universo te está transmitiendo: «Estás teniendo pensamientos positivos». Así mismo, cuando te sientes mal, te está diciendo: «Tienes malos pensamientos».

Cuando te sientes mal, el Universo se está comunicando contigo y te está diciendo: «¡Atención! Cambia ahora tu forma de pensar. Se registra una frecuencia negativa. Cambia de frecuencia. Cuenta atrás para la manifestación. ¡Atención!»

La próxima vez que te sientas mal o tengas una emoción negativa, escucha la señal que estás recibiendo del Universo. En ese momento estás *bloqueando* la llegada de tu propio bien porque estás en una frecuencia negativa. Cambia tus pensamientos y piensa en algo bueno, y cuando empiecen a llegar los buenos sentimientos, lo sabrás porque has cambiado a una nueva frecuencia y el Universo lo ha confirmado con mejores sentimientos.

BOB DOYLE

Obtienes lo que sientes, no lo que piensas.

Ésa es la razón por la que las personas tienden a enfurecerse cada vez más a lo largo del día cuando se levantan con mal pie. Pasan todo el día del mismo mal talante. No son conscientes de que el mero hecho de cambiar sus emociones puede cambiar todo su día y toda su vida.

Si amaneces con buen pie y te sientes especialmente feliz, siempre que no dejes que algo e cambie el estado de ánimo, por la ley de la atracción, seguirás atrayendo más situaciones y personas que te ayudarán a mantener ese sentimiento de felicidad.

Todos hemos experimentado días o momentos en que todo va mal. La relación en cadena empieza con *un* pensamiento, tanto si eres consciente del mismo como si no. Ese mal pensamiento ha atraído a más malos pensamientos, la frecuencia se ha asentado y al final pasa algo malo. Entonces cuando reaccionas a lo que ha ido mal, atraes más cosas que van mal.

Las reacciones atraen más de lo mismo y la reacción en cadena se seguirá produciendo hasta que te apartes de esa frecuencia cambiando intencionadamente tus pensamientos.

Puedes cambiar tus pensamientos y dirigirlos hacia lo que quieres, puedes recibir confirmación a través de tus sentimientos de que has cambiado de frecuencia y la ley de la atracción captará esa nueva frecuencia y te la devolverá con nuevas imágenes de tu vida.

Entonces es cuando puedes utilizar tus sentimientos para conseguir rápidamente lo que quieres en tu vida.

Puedes utilizar de forma intencionada tus sentimientos para transmitir una frecuencia todavía más poderosa, añadiendo *sentimiento* a lo que quieres.

MICHAEL BERNARD BECKWITH
Puedes empezar ahora mismo a sentirte sano. Puedes empezar a sentir prosperidad. Puedes empezar a sentir el amor que te rodea, aunque no esté presente. Lo que sucederá es que el Universo responderá a la naturaleza de tu canto. El Universo corresponderá a la naturaleza de este sentimiento interno y se manifestará, porque así es como te sientes.

¿Cómo te sientes ahora? Observa durante unos momentos cómo te sientes. Si no te sientes tan bien como te gustaría, enfócate en sentir tus sentimientos en tu interior y cámbialos intencionadamente. Cuando te enfocas en tus sentimientos, con la intención de elevar tu ánimo, puedes conseguirlo. Una forma de hacerlo es cerrar los ojos (alejarse de las distracciones), enfocarte en tus sentimientos internos y sonreír durante un minuto.

LISA NICHOLS

Tus pensamientos y tus sentimientos crean tu vida. Siempre será así. ¡Garantizado!! Al igual que la ley de la gravedad, la ley de la atracción nunca falla. No ves cerdos volando porque la ley de la gravedad se haya olvidado de aplicar la gravedad ese día. Así mismo, tampoco hay excepciones en la ley de la atracción. Si ha aparecido algo en tu vida es porque lo has atraído con un pensamiento prolongado. La ley de la atracción es exacta.

MICHAEL BERNARD BECKWITH

Es difícil creer, pero cuando empezamos a abrirnos, las ramificaciones son sorprendentes. Significa que cualquier pensamiento que hayas tenido en tu vida puedes invertirlo con un cambio de conciencia.

Tienes el poder de cambiar cualquier cosa, porque eres quien elije tus pensamientos y quien siente tus sentimientos.

"A cada paso creamos nuestro propio universo."

Winston Churchill

DR. JOE VITALE

Es importantísimo que te sientas bien, porque este sentimiento positivo es la señal que emites al Universo y atrae más de lo mismo hacia ti. Así que cuanto mejor te sientas, más atraerás las cosas que te ayudarán a sentirte bien y eso te ayudará a levantar tu ánimo cada vez más alto.

BOB PROCTOR

¿Sabías que cuando estás desanimado puedes cambiar tu estado de ánimo en un momento? Pon una música bonita y empieza a cantar, eso cambiará tu estado de ánimo. Piensa en algo hermoso. Piensa en un bebé o en alguien a quien quieras mucho y disfruta con ese pensamiento. Mantén ese pensamiento en tu mente. Aparta todo lo demás y retén ese pensamiento. Te garantizo que empezarás a sentirte bien.

Hazte una lista de Recursos para tenerlos a tu disposición cuando los necesites. Con Recursos me refiero a las cosas que pueden cambiar tus sentimientos en un momento. Pueden ser recuerdos hermosos, acontecimientos futuros, momentos divertidos, la naturaleza, una persona que amas, tu música favorita. Cuando te des cuenta de que estás enfadado, frustrado o que no te sientes bien, recurre a tu lista de Recursos y enfócate en uno de ellos. Según el momento, te servirá uno u otro, de modo que si uno no te funciona, prueba con otro. Sólo necesitas uno o dos minutos para cambiar de enfoque y cambiar de frecuencia.

El Amor: la Emoción más Grande

JAMES RAY

FILÓSOFO, PALESTRANTE, ESCRITOR E CRIADOR DE PROGRAMAS DE PROSPERIDADE E POTENCIAL HUMANO

El principio de sentirse bien se puede aplicar a tus animales domésticos, por ejemplo. Los animales son maravillosos porque te inducen a un estado emocional increíble. Cuando quieres a tu mascota, ese gran estado de amor te aporta bienestar en tu vida. ¡Qué gran regalo!.

«La combinación del pensamiento y del amor es lo que crea la irresistible fuerza de la ley de la atracción.»

Charles Haanel

No hay mayor poder en el Universo que el poder del amor. El sentimiento del amor es la frecuencia más elevada que puedes emitir. Si pudieras envolver todos tus pensamientos con amor, si pudieras amar a todas las personas y cosas de la misma manera, tu vida se transformaría.

De hecho, algunos grandes pensadores del pasado se referían a la ley de la atracción como la ley del amor. Si piensas en ello, entenderás la razón. Si tienes pensamientos desagradables respecto a alguien, experimentarás la manifestación de esos pensamientos desagradables. No puedes perjudicar a otro con tus pensamientos sólo te perjudicas a Ti mismo. Si tienes pensamientos de amor, adivina quién recibe los beneficios, ¡tú! Si en tu estado de ánimo predomina el amor, la ley de la atracción o la ley del amor responderá con toda su fuerza porque te encuentras en la frecuencia más alta posible. Cuanto mayor sea el amor que sientes y emanas, mayor será el poder que estás utilizando.

«El principio que infunde al pensamiento el poder de correlacionarse con su objeto, y por ende de controlar toda la experiencia humana adversa, es la ley de la atracción, que es otro nombre para el amor. Éste es un principio eterno y fundamental inherente en todas las cosas, en todo sistema filosófico, en toda, religión y ciencia. No hay escapatoria de la ley del amor. Es el sentimiento el que da vitalidad al pensamiento. El sentimiento es deseo y el deseo es amor. El pensamiento impregnado de amor es invencible».

Charles Haanel

MARCI SHIMOFF

Cuando comienzas a entender y a dominar realmente tus pensamientos y sentimientos, puedes empezar a ver cómo creas tu propia realidad. Ahí

reside tu libertad, ahí es dónde se
encuentra tu poder.

Marci Shimoff compartió una maravillosa cita del
gran Albert Einstein: «La pregunta más importante
que se puede hacer un ser humano es: "¿Vivimos en
un Universo amistoso?"»

Conociendo la ley de la atracción, la única respuesta
que se puede dar es: «Sí, el Universo es amistoso».
¿por qué? Porque cuando respondes de este modo,
por la ley de la atracción has de experimentar eso.
Albert Einstein planteó esta poderosa pregunta
cuando conoció El Secreto, sabía que planteando esa
pregunta nos obligaría a pensar y a escoger. Nos dio
una oportunidad al plantearla.

Si llevamos más lejos la intención de Einstein,
podemos afirmar y proclamar: «Éste es un Universo
espléndido. El Universo me aporta todas las cosas
buenas. El Universo está conspirando a mi favor en
todo. El Universo me está apoyando en todo lo que
hago. El Universo satisface inmediatamente todas
mis necesidades». ¡*Sé consciente* de que estamos en
un Universo amistoso!.

JACK CANFIELD
Desde que aprendí El Secreto y empecé a
aplicarlo en mi vida, esta se ha vuelto
mágica. Creo que el tipo de vida con el
que todos soñamos es la que yo vivo todos
los días. Vivo en una mansión de cuatro millones y
medio de dólares. Tengo una esposa por la que daría
mi vida. Voy de vacaciones a los mejores lugares del

mundo. He subido montañas. He hecho viajes de aventura. He ido a safaris. Todo esto ha sucedido y continuará sucediendo porque sé aplicar El Secreto.

BOB PROCTOR

La vida puede ser estupenda, así debe ser y será, cuando empiezas a utilizar El Secreto.

Ésta es *tu* vida y ¡está esperando a que la descubras! Hasta ahora puede que hayas pensado que la vida es dura y que supone mucho esfuerzo, por eso la ley de la atracción ha hecho que la vivas de ese modo. Empieza ahora a gritarle al Universo: «¡La vida es muy sencilla! ¡La vida es buena! ¡Todas las cosas buenas vienen a mí!».

En lo más profundo de tu ser hay una verdad que está esperando a que la descubras y esa Verdad es ésta: *te mereces todas las cosas buenas que la vida puede ofrecerte*. En el fondo lo sabes porque te sientes fatal cuando no las experimentas. ¡Las cosas buenas son tu derecho de nacimiento! Tú eres tu propio creador y la ley de la atracción es tu gran herramienta para crear todo lo que quieras en tu vida. ¡Bienvenido a la magia de la vida y a tu espléndido Yo!.

Resumen de El Secreto

- La ley de la atracción es una ley de la naturaleza. Es tan imparcial como la ley de la gravedad.

- No puedes experimentar nada a menos que lo invoques mediante pensamientos repetidos.

- Para saber qué estás pensando, pregúntate como te sientes. Las emociones son valiosas herramientas que nos dicen al instante lo que estamos pensando.

- Es imposible sentirnos mal y tener pensamientos positivos al mismo tiempo.

- Tus pensamientos determinan tu frecuencia y te dicen inmediatamente en qué frecuencia te encuentras. Cuando te encuentras mal, estás en la frecuencia de atraer más cosas negativas. Cuando te encuentras bien, atraes con fuerza más cosas buenas.

- Los Recursos son recuerdos agradables, la naturaleza o tu música favorita, que pueden ayudarte a cambiar tus sentimientos y tu frecuencia en un instante.

- El sentimiento del amor es la frecuencia más alta que puedes emitir. Cuanto más amor sientas y emitas, mayor es el poder que estás utilizando.

Como Utilizar El Secreto

Eres un creador y el proceso creativo utilizando la ley del a atracción es sencillo. Los más grandes maestros y avatares han compartido el Proceso Creativo a través de su maravillosa obra, en millares de formas. Los grades maestros suelen contar historias para demostrar como funciona el Universo. La sabiduría que encierran esas historias se ha transmitido con el paso de los siglos y se ha vuelto legendaria. Muchas personas hoy en día no se dan cuenta de que sus enseñanzas son la verdad de la vida.

JAMES RAY

Pensemos en Aladino y su lámpara maravillosa. Aladino coge la lámpara, le saca el polvo y sale el genio. El genio siempre le dice:

«¡Tus deseos son órdenes!»

En la historia el genio le concede tres deseos, pero si te remontas a los orígenes de ese cuento descubrirás que no había límites.

Piensa en esto.

> *Ahora contempla esta metáfora y aplícala a tu vida. Recuerda que Aladino es el que siempre pide lo que quiere. Luego tienes el Universo, que es el genio. Las tradiciones le han dado distintos nombres: el ángel de la guarda, tu ser superior, etc. Puedes llamarlo como te plazca y elige el que más te guste, pero todas las tradiciones nos han dicho que existe algo superior. Y el genio siempre nos responde:*
>
> *«¡Tus deseos son órdenes!»*

Esta maravillosa historia demuestra como toda tu vida y todo lo que hay en ella lo has creado Tú. El genio simplemente ha respondido a cada una de tus órdenes. El genio es la ley de la atracción y siempre está presente escuchando lo que piensas, dices y haces. ¡El genio supone que todo lo que piensas, lo quieres! ¡Que todo lo que dices, lo quieres! ¡Que todo lo que haces, lo quieres! Eres el Amo del Universo y el genio está para servirte. El genio nunca se cuestiona tus órdenes. Tú las piensas y él inmediatamente empieza a poner en marcha el Universo, a través de las personas, circunstancias y acontecimientos para cumplir tus deseos.

El Proceso Creativo

El Proceso Creativo utilizado en El Secreto, que se ha sacado del Nuevo Testamento de la Biblia, es una directriz sencilla para que crees lo que quieres dando tres pasos muy simples:

Primer Paso: Pide

LISA NICHOLS

*El primer paso es pedir. Da una orden al
Universo. Deja que el Universo sepa lo que
quieres. El Universo responderá a tus
pensamientos.*

BOB PROCTOR

¿Qué es lo que realmente quieres?
Siéntate y escríbelo en una hoja de papel.
Escríbelo en tiempo presente. Puedes
empezar escribiendo: «ahora soy muy feliz
y me siento muy agradecido por...»Y luego
explica cómo quieres que sea tu vida, en
cada uno de sus aspectos.

Tienes que escoger lo que quieres, pero has de tenerlo
muy claro. Éste es tu trabajo. Si no lo tienes claro, la
ley de la atracción no podrá concedértelo. Enviarás
una frecuencia confusa que sólo atraerá resultados
confusos. Quizá por primera vez en tu vida, intenta
descubrir qué es lo que realmente quieres. Ahora que
sabes que puedes tenerlo, serlo o hacerlo y que sabes
que no hay limites, ¿qué es lo que deseas?

Pedir es el primer paso en el Proceso Creativo, así que
conviértelo en un hábito. Si has de elegir y no sabes
qué, ¡pide que se te aclaren las ideas! Nunca debes

dejar que nada te frene en tu vida. ¡Simplemente pide!

DR. JOE VITALE

Es realmente divertido. Es como usar el Universo a modo de catálogo. Lo hojeas y dices: «Me gustaría tener esta experiencia, me gustaría tener ese producto y a esa persona». Eres Tú el que hace el pedido al Universo. Es así de fácil.

No tienes que pedirlo una y otra vez. Con una basta. Es igual que comprar por catálogo. Sólo haces el pedido una vez. No encargas algo, luego dudas de que hayan recibido el pedido y lo vuelves a hacer, y repites este proceso, una y otra vez. Haces el pedido una sola vez. Lo mismo sucede con el Proceso Creativo. El Paso Uno es simplemente tener claro lo que quieres. En cuanto te aclares, pide.

Segundo Paso: Ten fe

LISA NICHOLS

El Paso Dos es tener fe. Confía en que ya es tuyo. Ten lo que a mí me gusta llamar una fe inquebrantable. Cree en lo invisible.

Debes creer en lo que has recibido. Has de saber que lo que quieres ya es tuyo en el momento en que lo pides. Debes tener una fe total y absoluta. Si hubieras hecho un pedido por catálogo te relajarías, estarías seguro de que recibirías tu pedido y seguirías haciendo tu vida.

«Ve las cosas que deseas como si
ya fueran tuyas. Sé consciente de
que vendrán a ti en el momento en
que realmente las necesites. Deja
que lleguen. No te preocupes por
ellas. No pienses en que no las
tienes. Piensa que son tuyas, que
te pertenecen, como si ya las
tuvieras».

Robert Collier (1885-1950)

En el momento en que pides, *crees* y *sabes* que ya
tienes lo invisible, el Universo entero cambia para
concedértelo. Has de actuar, hablar y pensar como si
ya lo estuvieras recibiendo ahora. ¿Por qué? El
Universo es un espejo y la ley de la atracción está
proyectando tus principales pensamientos. Entonces,
¿no te parece que tiene sentido que te veas
recibiéndolo? Si tus pensamientos contienen la idea
de que todavía no lo tienes, seguirás atrayendo esa
carencia. Has de creer que ya lo tienes. Debes creer
que ya lo has recibido. Tienes que emitir la frecuencia
del sentimiento de haberlo recibido, para que vuelvan
todas esas imágenes a tu vida. Cuando lo hagas, la
ley de la atracción moverá con fuerza todas las
circunstancias, personas y acontecimientos para que
lo recibas.

Cuando haces una reserva para unas vacaciones, te
compras un coche nuevo o una casa, sabes que esas
cosas son tuyas. No harás una reserva para los
mismos días, ni comprarás otro coche u otra casa. Si
te ha tocado la lotería o has heredado, incluso antes
de que tengas el dinero materialmente, sabes que es
tuyo. Ése es el sentimiento de creer que es tuyo. Es el

sentimiento de creer que ya lo tienes. Es el sentimiento de creer que ya lo has recibido. Reclama las cosas que quieres sintiéndolas y creyendo que son tuyas. Cuando lo hagas, la ley de la atracción moverá con fuerza todas las circunstancias, personas y acontecimientos para que lo recibas.

¿Cómo llegas a creer? Empieza por fingirlo. Sé como un niño, juega a fingir. Actúa como si ya lo tuvieras. Mientras finges que ya lo tienes, empiezas a *creer* que lo has recibido. El genio siempre responde a los pensamientos que predominan en tu mente, no sólo en el momento en que pides. Ésa es la razón por la que tras haber pedido, debes seguir *creyendo* y *teniendo la certeza*. Ten fe. Tu creencia de que ya lo tienes, esa fe inquebrantable, es tu mayor poder. Cuando crees que estás recibiendo, prepárate y ¡observa como actúa la magia!

«Puedes tener lo que desees, si sabes moldearlo con tus pensamientos. No hay sueño, que no se pueda hacer realidad, si aprendes a usar la Fuerza Creativa que actúa a través de ti. Los métodos que funcionan en una persona funcionan en todas. La clave del poder reside en usar lo que tienes... libremente, plenamente... y abriendo de ese modo tus canales para recibir más Fuerza Creativa para que fluya a través de tí».

Robert Collier

DR. JOE VITALE
El Universo empezará a reorganizarse para

hacer que suceda.

JACK: CANFIELD

La mayoría jamás nos hemos permitido querer lo que realmente queremos, porque no podemos ver cómo va a suceder.

BOB PROCTOR

Si investigas un poco, te darás cuenta de que todas las personas que han conseguido algo, no sabían cómo lo iban a hacer. Sólo sabían que lo iban a hacer.

DR. JOE VITALE

No te hace falta saber cómo va a suceder. No necesitas saber cómo se va a reorganizar el Universo.

Cómo sucederá, *cómo* se las arreglará el Universo, no es cosa tuya. Déjale hacer su trabajo. Cuando intentas averiguar cómo sucederá, emites una frecuencia de falta de fe, de que no te crees que ya lo tienes. Crees que eres *tú* quien ha de hacerlo y no le crees que el Universo lo hará *por* ti. El *cómo* no es cosa tuya en el Proceso Creativo.

BOB PROCTOR

No sabes cómo se te mostrará. Tú

atraerás el modo.

LISA NICHOLS

La mayoría de las veces, cuando no vemos las cosas que hemos pedido, nos frustramos. Nos decepcionamos y empezamos a dudar. La duda trae decepción. Cambia la duda. Reconoce ese sentimiento y sustitúyelo por otro de fe inquebrantable. «Sé que está en camino».

Tercer Paso: Recibe

LISA NICHOLS

El Paso Tres y el último del proceso es recibir. Empieza a sentirte bien. Siéntete como te sentirás cuando llegue. Siéntelo ahora.

MARCI SHIMOFF

Y en este proceso es importante sentirse bien, ser feliz, porque cuando te sientes bien te estás poniendo en la frecuencia de lo que quieres.

MICHAEL BERNARD BECKWITH

Es un Universo de sentimientos. Si sólo crees en algo intelectualmente, pero tus sentimientos no se corresponden con ello, puede que no tengas poder suficiente para manifestar lo que quieres en tu vida. Has de sentirlo.

Pide una vez, cree que ya lo has recibido y lo único que tienes que hacer es sentirte bien. Cuando te sientes bien, estás en la frecuencia de recibir. Estás en la frecuencia de que te lleguen todas las cosas buenas y de recibir lo que has pedido. No pedirías nada si no fuera porque quieres sentirte bien, ¿no es cierto? Sitúate en la frecuencia de sentirte bien y recibirás.

Una vía rápida para ponerte en esa frecuencia es decir: «Ahora ya estoy recibiendo. Estoy recibiendo todo lo bueno que hay en mi vida, ahora. Estoy recibiendo [rellena tu deseo] ahora». Y *siéntelo* como si ya lo hubieras recibido.

Una gran amiga mía, Marcy, es una de las mejores manifestadoras que he visto, lo *siente* todo. *Siente* como se sentiría con lo que está pidiendo. *Siente* todo manifestándose. No se queda atrapada en el cómo, cuándo o dónde, simplemente lo siente y luego se manifiesta.

Siéntete bien ahora.

BOB PROCTOR
Cuando conviertes tu fantasía en un hecho, estás predispuesto a tener fantasías cada vez mayores. Y eso, amigo mío, es el Proceso Creativo.

«Y todo cuanto pidiereis en la
oración, si tenéis fe, lo alcanzaréis».

Mateo 21:22

«Por tanto, os aseguro que todas cuantas cosas
pidiereis en la oración, tened fe de conseguirlas, y se
os darán».

Marcos 11:24

BOB DOYLE

La ley de la atracción, el estudio y la práctica
de la ley de la atracción, se basa sólo en
descubrir qué es lo que te ayudará a generar
los sentimientos de tener algo ahora. Ve a
probar ese coche. Ve a ver esa casa que
quieres comprar. Entra en la casa. Haz todo
lo que creas necesario para general y
mantener los sentimientos de tener lo que
quieres ahora. Todo lo que puedas hacer
para conseguirlo te ayudará a atraerlo.

Cuando *sientes* como si lo tuvieras ahora y el
sentimiento es muy real, estás creyendo que ya lo has
recibido y lo recibirás.

BOB DOYLE

Puede que te despiertes y que esté allí. Que se
haya manifestado o que de pronto tengas
alguna inspiración para realizar alguna
acción. Lo que está claro es que no has de

decir:

«Bueno, podría hacerlo de este modo, pero no
soporto esa idea». Si piensas eso no vas por
buen camino.

A veces será necesario actuar, pero si
realmente lo haces fluyendo con lo que el
Universo está intentando aportarte, serás
muy feliz. Te sentirás muy vivo. El tiempo se
detendrá. Podrás hacerlo durante todo el día.

Acción es una palabra que para algunas personas
puede implicar «trabajo», pero la acción inspirada no
se siente como un trabajo. La diferencia entre acción
inspirada y acción es: la acción inspirada es cuando
actúas para recibir. Si estás actuando e intentas
hacer que suceda, has dado un paso atrás. Las
acciones inspiradas se realizan sin esfuerzo y es
maravilloso porque estás en la frecuencia de recibir.

Imagina la vida como si fuera un río que transcurre
rápido. Si actúas para hacer que algo suceda,
sentirás como si fueras contra corriente. Será duro,
como una lucha. Si actúas para recibir del Universo,
sentirás como si estuvieras fluyendo con la corriente
del río. No sentirás ningún esfuerzo. Ése es el
sentimiento de la acción inspirada y de fluir con el
Universo y con la vida

A veces, ni siquiera eres consciente de que has
«actuado» hasta después de haber recibido, porque
esa acción ha sido muy agradable. Entonces mirarás
retrospectivamente y te maravillarás ante el modo en
que el Universo ha llevado en su matriz lo que tú
querías y te lo ha servido en bandeja.

DR. JOE VITALE

Al Universo le gusta la velocidad. No te retrases. No te vuelvas a pensar las cosas. No dudes. Cuando surge la oportunidad, cuando aparece el impulso, cuando sientas la intuición desde dentro, actúa. Ése es tu trabajo y lo único que has de hacer.

Confía en tus instintos. Es el Universo el que te inspira. El Universo se comunica contigo con la frecuencia de recepción si tienes una intuición o un instinto, síguelo y descubrirás que el Universo está moviendo magnéticamente hacia ti lo que le has pedido.

BOB PROCTOR

Atraerás hacia ti todo lo que necesites. Si es dinero, lo atraerás. Si lo que necesitas son personas, lo atraerás. Si es algún libro, lo atraerás. Debes prestar atención a lo que quieres atraer, porque cuando tiene imágenes de lo que quieres, serás atraído hacia esas cosas y viceversa. Literalmente entra en la realidad física contigo y a través de ti. Y lo hace mediante esa ley.

Recuerda que eres un imán que lo atrae todo. Cuando tengas claro en tu mente qué es lo que quieres, te habrás convertido en un imán que atrae las cosas hacia sí y a su vez esas cosas que quieres estarán imantadas hacia ti. Cuanto más practiques y empieces a ver que la ley de la atracción te trae cosas, mejor imán serás, porque añadirás el poder de la fe, de la creencia y del conocimiento.

MICHAEL BERNARD BECKWITH
Puedes empezar sin nada, desde cero, desde ninguna parte, pero surgirá un camino.
Lo único que necesitas es a Tí mismo y tu habilidad para pensar cosas que se hagan realidad. Todo lo que se ha inventado y creado a lo largo de la historia de la humanidad ha empezado con un pensamiento. De ese pensamiento ha surgido un camino y se ha manifestado desde lo invisible.

JACK CANFIELD

Imagina que estás conduciendo por la noche. Las luces delanteras sólo iluminan unos 30 o 60 metros y has de ir desde California hasta Nueva York conduciendo de noche, pero lo único que debes hacer es ver los próximos 30 o 60 metros que tienes delante. Así es cómo la vida suele desplegarse ante nosotros. Confías en que se te desvelen los siguientes 30 o 60 metros y así sucesivamente se irá desplegando tu vida. Y sin duda te conducirá al destino que hayas elegido, porque así lo has querido.

Confía en el Universo. Confía, cree y ten fe. Realmente no tenía ni la menor idea de cómo iba a plasmar El Secreto en la pantalla. Esperé a ver el resultado de la visión, vi el resultado con claridad en mi mente, lo sentí con toda mi fuerza y todo lo que necesitamos para crear *El Secreto* vino a nosotros.

«Da el primer paso con la fe. No tienes por qué ver toda la escalera. Basta con que subas el primer peldaño».

Dr. Martin Luther King Jr. (1929-1968)

El Secreto y tu cuerpo

Veamos como pueden utilizar el Proceso Creativo las personas que consideran que tienen sobrepeso y que quieren adelgazar.

Lo primero que has de tener en cuenta es que si te enfocas en perder peso, atraerás el tener que perder de nuevo más peso, por lo tanto, sácate de la mente lo de «perder peso». Ésta es la razón por la que no funcionan las dietas. Puesto que te enfocas en perder peso, debes atraer continuamente esa pérdida de peso.

Lo segundo que has de saber es que esa condición de sobrepeso fue creada a través de tu pensamiento. Dicho de forma más sencilla, si alguien tiene sobrepeso, se debe, tanto si es consciente de ello como si no, a sus «pensamientos de delgadez» y estar gorda. Eso desafía la ley de la atracción.

Tanto si a esas personas les han dicho que tienen un problema de tiroides como un metabolismo lento o que su gordura es genética, todo esto son disfraces de sus «pensamientos de gordura». Si aceptas cualesquiera de esas condiciones y te las crees, se convertirán en tu experiencia y seguirás atrayendo el tener kilos de más.

Después de tener a mis dos hijas me sobraban unos cuantos kilos y sé que fue por escuchar y leer los mensajes de que es difícil adelgazar después de haber tenido un bebé, todavía más después del segundo. Eso es justamente lo que atraje con mis «pensamientos de gordura» y se convirtió en mi experiencia. Realmente me «hinché» y cuanto más observaba cómo me «hinchaba», más atraía ese estado. En poco tiempo llegué a pesar 65 kilos, sólo por mis «pensamientos de gordura».

Lo que la gente pensaba y lo que yo también pensaba era que me engordaba por la comida. Esta creencia no te ayuda en nada, y ¡para mí en estos momentos es una gran mentira! La comida no es la responsable de que engordes. Es tu pensamiento de que la comida es la que te hace engordar. Recuerda, los pensamientos son la causa primera de todas las cosas y el resto son los efectos de los mismos. Ten pensamientos perfectos y el resultado será un peso perfecto.

Deshazte de todos esos pensamientos limitadores. La comida no puede hacerte engordar, salvo que tú *pienses* que puede.

La definición del peso perfecto es aquel con el que te *sientes* bien. La opinión de los demás no cuenta. Es el peso con el que te *sientes* bien.

Es muy probable que conozcas a alguna persona delgada que come como una lima y que dice orgullosa: «Puedo comer lo que me plazca y siempre peso lo mismo». Y el genio del Universo dice: «¡Tus deseos son órdenes!».

Para atraer tu peso y cuerpo perfecto usando el Proceso Creativo, sigue estos pasos:

Paso 1: Pide

Decide cuánto quieres pesar. Guarda una imagen mental del aspecto que te gustaría tener cuando llegues a tu peso perfecto. Mira fotos tuyas con el peso perfecto, si las tienes, y míralas con frecuencia. Si no las tienes, consigue fotos del cuerpo que te gustaría tener y míralas a menudo.

Paso 2: Ten fe

Has de tener fe en que recibirás y que el peso perfecto ya es tuyo. Debes imaginar, fingir y actuar como si ya hubieras logrado el peso perfecto. Te has de visualizar con ese peso.

Escribe tu peso perfecto y colócalo en el marcador de tu báscula o no te peses nunca. No contradigas lo que has pedido con tus pensamientos, palabras y acciones. No te compres ropa con tu talla actual. Ten fe y enfócate en la ropa que te vas a comprar. Atraer el peso perfecto es lo mismo que hacer un pedido pro el catálogo del Universo. Miras el catálogo, eliges el peso perfecto, haces tu pedido y luego te lo entregan.

Haz que tu intención sea buscar, admirar y alabar en tu fuero interno a las personas que reflejen tu idea de un cuerpo con un peso perfecto. Búscalas y cuando las admires experimenta esos sentimientos, de ese modo lo estarás invocando. Si ves personas con sobrepeso, no las observes, cambia inmediatamente a tu imagen de tí mismo con un cuerpo perfecto y *siéntela*.

Paso 3: Recibe

Has de sentirte bien. Tienes que sentirte bien contigo mismo. Esto es importante porque no puedes atraer tu peso perfecto si te sientes mal respecto a tu cuerpo en estos momentos. Si te sientes mal con tu cuerpo, como es un pensamiento muy poderoso, seguirás atrayendo el sentirte mal con tu cuerpo. Tu cuerpo nunca cambiará si eres crítico con él y, de hecho, atraerás más peso. Alaba y bendice cada centímetro de tu cuerpo. Piensa en todas las cosas perfectas que hay en Tí. Cuando tienes pensamientos perfectos, cuando te sientes bien contigo mismo, estás en la frecuencia de tu peso perfecto y estás invocando la perfección.

Wallace Wattles comparte un maravilloso truco sobre la comida en uno de sus libros. Recomienda que cuando comas estés totalmente enfocado en la masticación. Que tu mente esté presente y experimente la sensación de comer y no dejes que vague pensando en otras cosas. Toma conciencia de tu cuerpo y goza de todas las sensaciones de masticar la comida y tragarla. Lo próxima vez que comas pruébalo. Cuando estás totalmente presente al comer, el sabor de la comida es intenso y espléndido; cuando tu mente está en otras cosas, el sabor prácticamente desaparece. Estoy convencida de que si podemos comer conscientemente, enfocados por completo en la placentera experiencia de comer, nuestro cuerpo asimila sin problemas la comida y el resultado *tiene que* ser la perfección.

El final de la historia sobre mi peso es que ahora mantengo un peso perfecto de 52 kilos y como todo lo que me apetece. ¡Enfócate en tu peso perfecto!.

¿Cuánto Tiempo se Necesita?

DR. JOE VITALE

Otra cosa que la gente se pregunta es «¿Cuánto tiempo tardará en manifestarse el coche, la relación, el dinero?» No tengo ninguna receta que indique si va a suceder en treinta minutos, en tres días o en treinta. Más bien se trata de que fluyas con el Universo.

El tiempo es una ilusión. Einstein nos lo dijo. Si es la primera vez que lo oyes, puede que te cueste aceptar este concepto. Porque ves todo lo que está sucediendo, una cosa tras otra. Lo que nos dice Einstein y la física cuántica es que todo acontece simultáneamente. Si puedes comprender que no hay tiempo, y aceptas ese concepto, verás que todo lo que deseas en el futuro ya existe en el presente. Si todo sucede a un mismo tiempo, entonces ¡*ya* existe la versión paralela de tí con lo que quieres!

Al Universo no le cuesta nada manifestar lo que deseas. Cualquier retraso en el tiempo que experimentas se debe a tu retraso en creer, conocer y sentir lo que ya tienes. Se trata de que entres en la frecuencia de lo que quieres. Cuando estés en esa frecuencia, lo que quieres se manifestará.

BOB DOYLE

El tamaño no es nada para el Universo. Científicamente, es lo mismo atraer algo grande que algo que consideramos insignificante

El Universo lo realiza todo sin esfuerzo alguno. La hierba crece sin esfuerzo. No hay esfuerzo. Simplemente es un gran diseño

Todo depende de lo que haya en tu mente. De lo que clasifiques como: «Esto es grande, me llevará algún tiempo» y «Esto es pequeño. Necesitaré una hora». Esas son las reglas que nosotros ponemos. Para el Universo no existen. Tú has de proporcionar los sentimientos de tenerlo ahora, él responderá, sea lo que sea.

No existe el tiempo ni el tamaño en el Universo. Es tan fácil manifestar un dólar como un millón. Es el mismo proceso y la única razón por la que uno puede llegar más rápidamente que el otro es porque un millón de dólares es mucho dinero y un dólar no es demasiado.

BOB DOYLE

A algunas personas les va mejor con cosas pequeñas, por eso a veces empezamos por algo muy pequeño, como una taza de café. Haz que tu intención sea atraer hoy una taza de café.

BOB PROCTOR

Visualiza la imagen de estar hablando con un antiguo amigo al que hace mucho tiempo que no ves. De un modo u otro, alguien te hablará de esa persona. Esa persona te llamará o recibirás alguna noticia de ella.

Empezar por algo pequeño es una forma sencilla de experimentar la ley de la atracción. Voy a contarte una historia de un hombre joven que hizo justamente esto. Vio *El Secreto* y decidió empezar por algo pequeño.

Creó una imagen de una pluma fuera única. Creó unas marcas concretas para saber sin lugar a dudas que si veía esa pluma, habría llegado hasta él por su utilización intencionada de la ley de la atracción.

A los dos días estaba a punto de entrar en un rascacielos de la ciudad de Nueva York. Nos contó que sin saber por qué miró al suelo. A sus pies, en la entrada del rascacielos de Nueva York, ¡estaba la pluma! No una pluma cualquiera, sino justamente la que había imaginado. Era idéntica a la imagen mental que había creado, con todas sus características únicas. En ese momento supo, sin un ápice de duda que había sido la ley de la atracción en todo su esplendor. Se dio cuenta de su sorprendente habilidad y poder de su mente. Ahora está atrayendo cosas más grandes con una fe absoluta.

DAVID SCHIRMER

ASESOR DE INVERSIONES, MAESTRO Y ESPECIALISTA EN CREACIÓN DE RIQUEZA,

A la gente le sorprende ver cómo encuentro sitios para aparcar. Lo he venido haciendo desde que comprendí El Secreto. Visualizo una plaza de parking en el lugar exacto donde quiero y el 95 por ciento de las veces está esperándome y aparco sin problemas. El otro 5 por ciento tengo que esperar un minuto o dos a que salga la persona que había aparcado para poder aparcar yo. Siempre lo hago.

Ahora puede que entiendas como lo hacen las personas que dicen «Siempre encuentro donde aparcar». O como lo hacen las que dicen, «Tengo mucha suerte, siempre me toca algo». Estas personas *están convencidas* de ello Empieza a esperar grandes cosas, y a medida que lo vayas haciendo, irás creando tu vida por adelantado.

Crea Tu Día por Adelantado

Puedes usar la ley de la atracción para crear toda tu vida por adelantado; en este mismo momento haz lo siguiente que ibas a hacer. Prentice Mulford fue un maestro que escribió mucho sobre la ley de la atracción y como usarla, nos demuestra lo importante que es *pensar cada día por adelantado*.

> «Cuando te dices, "Voy a hacer un viaje agradable o a visitar un lugar agradable", literalmente estás enviando elementos y fuerzas por delante de tu cuerpo que organizarán las cosas para que tu viaje o visita sean agradables. Cuando estás de mal humor antes de tu visita o viaje, tienes miedo o sientes que va a pasar algo desagradable, estás enviando agentes invisibles por delante de ti que crearán algún tipo de situación desagradable. Nuestros pensamientos o, en otras palabras nuestro estado mental siempre están en funcionamiento "arreglando" las cosas buenas o malas por adelantado»
>
> *Prentice Mulford*

Prentice Mulford escribió estas palabras en la década de 1870. ¡Vaya pionero! Con esto puedes ver lo importante que es *pensar con antelación* cada acontecimiento del día. Sin duda habrás experimentado lo opuesto a planificar tu día con antelación y una de las repercusiones es que has de correr para hacerlo todo

Si vas con prisa, debes ser consciente de que esos pensamientos y acciones se basan en el miedo (el miedo a llegar tarde) y que estás «organizando» cosas negativas por adelantado. Si sigues corriendo, atraerás incesantemente cosas negativas. Además, la ley de la atracción estará «organizando» más circunstancias para que puedas seguir haciendo las cosas con prisa en el futuro.

Muchas personas, especialmente en las sociedades occidentales, cazan el «tiempo» y se lamentan de que *no tienen suficiente*. Bueno, cuando alguien dice que no tiene tiempo, debe ser por la ley de la atracción. Si has estado dándole vueltas al pensamiento de no tener tiempo, prueba diciendo con énfasis: «A partir de ahora quiero tener tiempo de sobra» y cambia tu vida.

También puedes transformar el tiempo de espera en un momento poderoso para crear tu vida futura. La próxima vez que te encuentres en una situación en que tengas que esperar, atrapa ese tiempo e imagina que tienes todo lo que quieres. Puedes hacerlo en cualquier parte y en cualquier momento. ¡Transforma cada situación de tu vida en una situación positiva!.

Crea el hábito diario de determinar cada

acontecimiento de tu vida por adelantado a través de tus pensamientos. Pon a actuar las fuerzas universales por delante de ti en cada cosa que hagas y dondequiera que vayas, pensando el modo en que quieres que suceda *por adelantado*. Entonces estarás creando intencionadamente tu vida.

Resumen de El Secreto

- Al igual que el genio de Aladino, la ley de la atracción te concede todos tus deseos.

- El Proceso Creativo te ayuda a crear lo que quieres con tres sencillos pasos: pide, ten fe y recibe.

- Pedir al Universo lo que quieres es una oportunidad para tener claro tu deseo. En el momento en que te aclares, habrás pedido.

- Creer implica actuar, hablar y pensar como si ya hubieras recibido lo que has pedido. Cuando emites la frecuencia de haber recibido, la ley de la atracción mueve a las personas, acontecimientos y circunstancias para que recibas.

- Recibir implica sentirte como te sentirías cuando tu deseo se manifieste. Sentirte bien ahora te pone en la frecuencia de lo que deseas.

- Para perder peso no te enfoques en «perder peso». Enfócate en el peso ideal. Siente lo que es estar en tu peso perfecto y así lo invocarás.

- El Universo puede manifestar lo que desees en un instante. Es tan fácil manifestar un dólar como un millón.

- Empezar con algo pequeño, como una taza de café o encontrar sitio para aparcar, es una forma fácil de experimentar la ley de la atracción en acción. Proponte con fuerza atraer algo pequeño. Cuando

*experimentes el poder que tienes para atraer, crearás
cosas mucho más grandes.*

• *Crea tu día con antelación pensando cómo quieres
que sea y crearás tu vida intencionadamente.*

Procesos Poderosos

DR. JOE VITALE

Muchas personas se sienten atrapadas o confinadas en sus situaciones actuales. Sean cuales sean tus circunstancias en estos momentos, eso sólo es tu realidad actual y la realidad actual empezará a cambiar cuando empieces a usar El Secreto.

Tu realidad y tu vida actual son el resultado de los pensamientos que has tenido hasta ahora. Todo eso cambiará por completo cuando empieces a cambiar tus pensamientos.

«Un hombre puede cambiarse a sí mismo... y dominar su propio destino, ésa es la conclusión de toda mente que está completamente abierta al poder del pensamiento correcto».

Christian D. Larson (1866-1954)

LISA NICHOLS

Cuando quieres cambiar tus circunstancias, primero tienes que cambiar tu forma de pensar. Cada vez que miras tu buzón esperando ver una factura, adivina que pasa: que está allí. ¡Cada día que sales temiendo encontrarte la factura nunca esperas algo bueno! Estás pensando en deudas, estás esperando deudas. Así que la deuda ha de aparecer para que no pienses que estás loco. Cada día confirmas tu pensamiento: ¿voy a tener una deuda? Sí, la deuda está allí. ¿Voy a tener una deuda? Sí, la deuda está allí. ¿Por qué? Porque esperabas que así fuera. De modo que se ha manifestado, porque la ley de la atracción siempre obedece a tus pensamientos. Hazte un favor: ¡espera un cheque!.

La expectativa es una fuerza atractiva y poderosa, porque atrae las cosas hacia ti. Tal como dice Bob Proctor: «El deseo te conecta con el objeto deseado y la expectativa lo atrae a tu vida». Espera las cosas que deseas y no esperes las que no deseas. ¿Qué expectativas tienes ahora?.

JAMES RAY

La mayoría de las personas contemplan el estado actual de sus asuntos y dicen: «Este soy yo». Ése no eres tú. Éste es el que era. Por ejemplo: no tienes suficiente dinero en el banco o no tienes la relación que te gustaría o tu salud y forma física no son óptimas. Eso no es lo que eres, ése es el resultado residual de tus pensamientos y acciones del pasado. De modo que siempre estamos viviendo en este residuo, por así decirlo, de los pensamientos y acciones que han tenido lugar en el pasado. Cuando contemplas el estado actual de las cosas y te defines de acuerdo con él, te estás condenando a tener más de lo mismo en el futuro.

«Todo lo que somos es el resultado de lo que hemos pensado»

Buda (563 a.C – 483 a.C)

Me gustaría compartir un proceso que el gran maestro Neville Goddard transmitió en una charla que dio en 1954, que se titulaba «Las tijeras de podar de la revisión». Este proceso ha tenido una gran repercusión en mi vida. Neville recomienda que al final de cada día, antes de acostarnos, revisemos los acontecimientos del día. Si algún acontecimiento o momento no ha sido como esperábamos, revívelo en tu mente como a ti te gustaría que hubiera sido. Cuando recreas esos acontecimientos justamente como deseas, estás limpiando la frecuencia de ese día y estás emitiendo una señal nueva con su correspondiente frecuencia para mañana. Has creado intencionadamente imágenes nuevas para tu futuro. Nunca es demasiado tarde para cambiar esas imágenes.

Los Poderosos Procesos de la Gratitud

DR. JOE VITALE

¿Que puedes hacer ahora mismo para empezar a cambiar tu vida? Lo primero que has de hacer es una lista de las cosas por las que te sientes agradecido. Esto cambia tu energía y empieza a cambiar tu forma de pensar. Mientras que antes de este ejercicio puede que te hayas estado enfocando en lo que no tienes, en tus quejas y problemas, cuando haces este ejercicio vas en otra dirección. Empiezas a sentirte agradecido por todas las cosas por las que te sientes bien.

«Si es nuevo para ti lo de que la gratitud acerca tu mente a la armonía con las energías creativas del Universo, reflexiona bien sobre ello y verás que es cierto»

Wallace Wattles (1860-1911)

MARCI SHIMOFF

La gratitud es la forma de atraer más cosas buenas a tu vida.

DR. JOHN GRAY

PSICÓLOGO, ESCRITOR Y ORADOR
INTERNACIONAL

¿Qué hace cualquier hombre cuando su esposa le agradece los pequeños detalles? Pues sigue haciendo lo mismo. El agradecimiento es esencial. Atrae las cosas. Atrae el apoyo.

DR. JOHN DEMARTINI

Todo lo que pensemos y agradezcamos es lo que atraeremos.

JAMES RAY

La gratitud ha sido un ejercicio muy poderoso para mí. Cada mañana cuando me levanto digo: «gracias». Cada mañana cuando pongo los pies en el suelo digo; «Gracias». Y luego, mientras me lavo los dientes y hago todo lo que tengo que hacer, empiezo a recordar todas las cosas por las que he de sentirme agradecido. No es que piense en ellas y realice algún tipo de rutina, sino que estoy sintiendo profundamente la gratitud.

Nunca olvidaré el día en que filmamos a James Ray compartiendo su poderoso ejercicio de gratitud. A partir de ese día apliqué en mi vida el proceso de

James. Ninguna mañana me levanto de la cama sin haber conectado con mis sentimientos de gratitud por el nuevo día y por todas las cosas que he de agradecer a la vida. Luego, cuando me levanto y un pie toca el suelo, digo «Gracias», y cuando pongo el segundo pie en el suelo, añadí «a ti». Cada paso que doy en dirección al cuarto de baño, lo acompaño con un «Gracias». Sigo dando las gracias mientras me ducho y me arreglo. Cuando estoy lista para empezar el día debo haber dado las gracias un centenar de veces.

Mientras hago esto estoy creando con fuerza mi día y todo lo que va a contener. Estoy programando mi frecuencia y declarando intencionadamente el modo en que quiero que vayan las cosas, en lugar de caerme de la cama y dejar que el día me controle a mí. No hay forma más poderosa de empezar el día que ésta. Eres el creador de tu vida, ¡empieza por crearlo intencionadamente!.

La gratitud es una parte fundamental de las enseñanzas de todos los grandes avatares de la historia. En el libro que cambió mi vida, *La ciencia de hacerse rico*, escrito por Wallace Wattles en 1910, el capítulo dedicado a la gratitud es el más extenso. Todos los maestros que presentamos en *El Secreto* incluyen la gratitud en su disciplina diaria. La mayoría empieza el día con pensamientos y sentimientos de gratitud.

Joe Sugarman, un hombre maravilloso y empresario de éxito, vio la película *El Secreto* y se puso en contacto conmigo. Me dijo que lo que más le había gustado era la parte en la que hablábamos de la gratitud y que ésta era lo que más había contribuido en su vida para conseguir todo lo que tenía. Con todo el éxito que Joe ha atraído en su vida, sigue sintiendo gratitud todos los días, hasta por las cosas más pequeñas. Cuando encuentra un lugar donde aparcar siempre de las gracias y siente verdaderamente ese agradecimiento. Joe conoce el poder de la gratitud y todo lo que le ha aportado, la gratitud es su forma de vida.

De lo que he leído y he experimentado en mi vida utilizando El Secreto, para mí el poder de la gratitud está por encima de todo lo demás. Aunque sólo hagas una cosa con el conocimiento de El Secreto, utiliza la gratitud hasta que se convierta en tu forma de vida.

DR. JOE VITALE

En cuanto cambien tus sentimientos respecto a lo que ya tienes, empezarás a atraer más cosas buenas. Más cosas tendrás por las que estar agradecido. Puede que ahora mires a tu alrededor y digas: «Bueno, pues no tengo el coche que quiero. No tengo la casa que quiero. No tengo la pareja que quiero. No gozo de la salud que quiero». ¡Guau! ¡Rebobina, rebobina! Todo eso son las cosas que no quieres. Enfócate en lo que ya tienes y da las gracias por ello. Puede ser el sentido de la vista para poder leer esto. La ropa que tienes. Puede que prefieras dar las gracias por alguna otra cosa y puede que si empiezas a sentir el agradecimiento por lo que tienes consigas algo bastante pronto.

«Muchas personas que ordenan correctamente sus vidas en todos los demás aspectos siguen siendo pobres debido a su falta de gratitud».

Wallace Wattles

Es imposible atraer más cosas a tu vida si no estás agradecido por lo que tienes. ¿Por qué? Porque los sentimientos y pensamientos que emites cuando no te sientes agradecido son emociones negativas. Tanto si son celos, resentimiento, insatisfacción como sentimientos de «no es suficiente», esos sentimientos no pueden aportarte lo que quieres. Sólo pueden devolverte más de lo que no quieres. Esas emociones negativas están impidiendo que lleguen cosas buenas a tu vida. Si quieres un coche nuevo, pero no te sientes agradecido por el que tienes, ésa será la frecuencia predominante que estarás enviando.

Siéntete agradecido por lo que tienes ahora. Cuando empieces a pensar en todas las cosas buenas por las que puedes estar agradecido, te sorprenderá comprobar la infinidad de pensamientos que te llegan sobre cosas por las que puedes dar las gracias. Has de empezar a dar las gracias y la ley de la atracción recibirá más de esos pensamientos de agradecimiento y te dará más similares. Habrás afianzado la frecuencia de gratitud y las cosas buenas empezarán a manifestarse.

«La práctica diaria de la gratitud es uno de los conductos a través de los cuales te llegará la riqueza».

Wallace Wattles

LEE BROWER

ASESOR Y ESPECIALISTA EN RIQUEZA, ESCRITOR Y MAESTRO

Creo que todas las personas atraviesan momentos en los que dicen: «Las cosas no van bien» o «Las cosas van mal». Una vez, cuando estaban pasando algunas cosas en mi familia, encontré una piedra, me senté, la tomé en mi mano y dije: «Cada vez que toque esta piedra voy a pensar en algo por lo que pueda dar gracias». Cada mañana cuando me levanto, lo cojo del vestidor, me la pongo en el bolsillo y paso revista a todas las cosas por las que estoy agradecido. Por la noche, ¿qué es lo que hago? Vacío el bolsillo y allí está de nuevo.

He tenido algunas experiencias sorprendentes con esta idea. Un surafricano me vio sacar la piedra del bolsillo. Me preguntó: «¿Qué es esto?» Se lo expliqué y empezó a llamarla la piedra de la gratitud. Al cabo de dos semanas recibí un e-mail suyo desde Sudáfrica, donde me decía: «Mi hijo se está muriendo debido a una rara enfermedad. Se trata de un tipo de hepatitis. ¿Podrías enviarme tres piedras de gratitud?» Las anteriores eran piedras normales que había encontrado por ahí, y le respondí: «Por supuesto». Pero esta vez tenía que asegurarme de que fueran muy especiales, así que me fui a un río, escogí tres piedras adecuadas y se las envié.

Cuatro o cinco meses más tarde volví a recibir un e-mail, diciéndome: «Mi hijo está mejor, está de maravilla. Pero has de saber una cosa. Hemos vendido casi un millar de piedras de la gratitud a diez dólares cada una y hemos dedicado todo ese dinero a obras benéficas. Muchas gracias».

Es muy impresionante tener una «actitud de gratitud».

El gran científico Albert Einstein revolucionó nuestra forma de ver el tiempo, el espacio y la gravedad. Con su humilde procedencia y comienzos, parecía imposible pensar que pudiera conseguir todo lo que consiguió. Einstein sabía mucho sobre El Secreto y cada día daba las gracias cientos de veces. Daba las gracias a todos los grandes científicos que le precedieron por sus contribuciones, que le permitieron aprender y alcanzar mayores logros en su trabajo, hasta que llegó a convertirse en uno de los más grandes científicos de la humanidad.

Una de las formas más potentes de utilizar la gratitud es incorporarla al Proceso Creativo para acelerar lo que deseas. Tal como nos aconsejó Bob Proctor en el primer paso del Proceso Creativo, «Pide», empieza por escribir lo que quieres. Empieza cada frase con: «Ahora estoy muy contento y agradecido por...» (Rellena lo que consideres oportuno en tu caso).

Cuando das las gracias como si ya hubieras recibido

lo que quieres, estás emitiendo una poderosa señal al
Universo. Esa señal te está diciendo que ya lo tienes
porque ahora estás sintiendo agradecimiento. Cada
mañana antes de levantarte de la cama, ten la
costumbre de sentir gratitud *por adelantado* por el
gran día que vas a empezar, como si ya lo tuvieras.

Desde el momento que descubrí El Secreto y formulé
la visión de compartir este conocimiento con el
mundo, doy gracias todos los días por la película que
hemos rodado, porque aportará felicidad al mundo.
No tenía ni la menor idea de cómo iba a plasmar este
conocimiento en la pantalla, pero confiaba en que
encontraríamos la manera. Mantuve mi
concentración y esperé el resultado. En todo ese
proceso tenía sentimientos de agradecimiento.
Cuando ése se convirtió en mi estado habitual, se
abrieron las compuertas de la prensa y la magia
inundó nuestras vidas. Tanto el espléndido equipo de
El Secreto como yo, seguimos con nuestros más
profundos sentimientos de gratitud. Nos hemos
convertido en un equipo que emana gratitud en cada
momento y ésta se ha convertido en nuestra forma de
vida.

El Poderoso Proceso de la Visualización

La visualización es un proceso que han enseñado
grandes maestros y avatares de todos los siglos, así
como grandes maestros contemporáneos. Charles

Haanel en su libro, *The Master Key System* (1912), recomienda 24 ejercicios semanales para dominar la visualización. (Lo que es más importante, su *The Master Key System* completo también te ayudará a ser el amo de tus pensamientos).

La razón por la que la visualización es tan poderosa es porque, a medida que creas imágenes en tu mente viéndote con lo que quieres, estás generando pensamientos y sentimientos de tenerlo ahora. La visualización no es más que pensamiento enfocado condensado en imágenes, que crea sentimientos igualmente poderosos. Cuando estás visualizando, estás emitiendo esa potente frecuencia en el Universo. La Ley de la atracción captará esa poderosa señal y te devolverá las imágenes, tal como las has visto en tu mente.

DR. DENIS WAITLEY

Tomé el proceso de visualización del programa Apolo y lo instauré durante las décadas de 1980 y 1990 en el programa olímpico. Lo denominamos Ensayo Motor Visual.

Cuando visualizas, materializas. Éste es un dato curioso sobre la mente: entrenábamos a los atletas olímpicos para que realizaran su actuación sólo mentalmente y luego les conectábamos a un sofisticado equipo de *biofeedback*. Era extraordinario porque se activaban los mismos músculos y en la misma secuencia cuando realizaban la carrera mentalmente y cuando la hacían en la pista. ¿Cómo es posible?. Porque la mente no puede distinguir si lo estás haciendo realmente o si es sólo una práctica. Si has estado ahí mentalmente, estarás allí con tu cuerpo.

Piensa en los inventores y en sus inventos: los hermanos Wright y el avión. George Eastman y el cine. Thomas Edison y la luz eléctrica. Alexander Graham Bell y el teléfono. La única forma en la que se ha podido inventar o crear algo es que alguien lo haya visto mentalmente. Ellos lo vieron con claridad, y manteniendo esa imagen del resultado final, todas las fuerzas del Universo se unieron para manifestar ese invento en el plano físico, *a través de* esas personas.

Esas personas conocían El Secreto. Eran personas que tenían una fe total en lo invisible y que conocían su poder interior para influir en el Universo y materializar su invento en el plano de lo visible. Su fe y su imaginación han sido lo que ha hecho evolucionar a la humanidad y nosotros disfrutamos todos los días los beneficios de sus mentes creativas.

Puede que estés pensando: «Mi mente no es como la de esos grandes inventores». Puede que pienses: «*Ellos* pudieron imaginar esas cosas, pero yo no». No puedes estar más lejos de la verdad, y cuando avances en este gran descubrimiento del conocimiento de El Secreto, aprenderás que no sólo tienes la misma mente, sino mucho más.

MIKE DOOLEY

Cuando visualizas, cuando tienes esa imagen proyectándose en tu mente, piensa siempre y sólo en el resultado final.

Por ejemplo, observa la cara posterior de tus manos, ahora mismo. Mira la cara posterior de tus manos: el color de tu piel, las pecas, los vasos sanguíneos, los anillos, las uñas. Observa todos esos detalles. Antes de cerrar los ojos, mira tus manos, tus dedos, al volante del coche nuevo que te quieres comprar.

DR. JOE VITALE

Es una experiencia tan holográfica —muy real en este momento— que ni siquiera sientes que necesitas el coche, porque es como si ya lo tuvieras.

Las palabras del doctor Vitale resumen brillantemente el lugar donde quieres estar cuando visualizas. Cuando sientes como una sacudida al abrir los ojos al mundo físico, tu visualización se vuelve real. Pero ese estado, ese plano, *es* real. Es el campo donde se crea todo y lo físico no es más que el *resultado* del campo *real* de toda la creación. Ésa es la razón por la que no sientes que lo necesitas, porque has sintonizado y has sentido el campo *real* de la creación a través de tu visualización. En ese campo lo tienes todo en estos momentos. Cuando lo sientas, lo sabrás.

JACK CANFIELD

Es el sentimiento lo que realmente crea la atracción, no solo la imagen o el pensamiento. Muchas personas creen: «Si tengo pensamientos positivos o si me visualizo con lo que quiero, eso bastará». Pero si estás haciendo eso sin sentir la abundancia, el amor o la dicha, no estás creando el poder de atracción.

BOB DOYLE
Sitúate en el lugar del sentimiento de estar realmente en ese coche. No en el de «Desearía tener ese coche» o «Algún día tendré ese coche», porque se trata de un sentimiento muy definido asociado con el mismo. No es en el presente. Es en el futuro. Si mantienes ese sentimiento, siempre se manifestará en el futuro.

MICHAEL BERNARD BECKWITH
Ahora ese sentimiento y esa visión interior empezarán a ser una puerta abierta a través de la cual empezará a expresarse el poder del Universo.

«No puedo decir lo que es este poder. Lo único que sé es que existe»

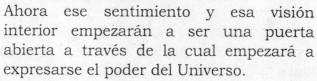

Alexander Graham Bell (1847-1922)

JACK CANFIELD

Nuestro trabajo no es averiguar cómo. El cómo aparecerá a raíz de un compromiso y una creencia en el qué.

MIKE DOOLEY

Los «cómos» son asunto del Universo. Éste siempre conoce los atajos y la forma más rápida y armoniosa entre tú y tu sueño.

DR. JOE VITALE

Si se lo entregas al Universo, te sorprenderá y deslumbrará con lo que te trae. Allí es donde tienen lugar la magia y los milagros.

Los maestros de El Secreto son conscientes de los elementos que pones en funcionamiento cuando visualizas. Cuando ves la imagen en tu mente, estás adoptando la actitud de tener lo que deseas en el presente. También estás poniendo tu fe y confianza en el Universo, porque te estás enfocando en el resultado final y experimentando cómo lo sientes, sin prestar ninguna atención al «cómo» se producirá. Tu imagen mental es la de verlo como algo ya realizado. Tus sentimientos lo ven como hecho. Tu mente y todo tú lo ve como algo que *ya está sucediendo*. Ése es el arte de la visualización.

DR. JOE VITALE

Harás esto prácticamente a diario, pero nunca deberá ser una tarea obligatoria. Lo realmente importante para El Secreto es sentirte bien. Sentirás entusiasmo por todo este proceso. Estarás eufórico, feliz y en armonía el máximo tiempo posible.

Todos tenemos el poder de visualizar. Deja que te lo demuestre con una imagen de tu cocina. Para esto, lo primero que has de hacer es eliminar todo pensamiento sobre tu cocina. *No* pienses en tu cocina. Limpia tu mente por completo de las imágenes de tu cocina, con sus tazas, nevera, horno, baldosas y colores...

Has visto tu cocina mentalmente, ¿verdad? ¡Bueno, simplemente la has visualizado!

«Todos visualizamos tanto si somos conscientes de ello como si no. Visualizar es el gran secreto para el éxito»

Genevieve Behrend (1881-1960)

Éste es un consejo para visualizar que el doctor John Demartini comparte en sus seminarios de la Experiencia Descubrimiento. John dice que si creas una imagen estática en tu mente puede que te cueste mantenerla, así que has de crear mucho movimiento en la misma.

Para ilustrar lo anterior, imagina de nuevo tu cocina, esta vez imagínate entrando en ella, dirigiéndote a la nevera, poniendo la mano en el asa, abriendo la puerta, mirando dentro y buscando una botella de agua fría. La alcanzas y la coges. Siente el frío en tu mano cuando sostienes la botella y cierra la puerta de la nevera con la otra. Ahora que estás visualizando tu cocina con todo detalle y en movimiento es más fácil ver y mantener la imagen, ¿verdad?.

> «Todos poseemos más poderes y posibilidades de los que somos conscientes y la visualización es uno de estos grandes poderes».

Genevieve Behrend

Los Procesos poderosos en Accion

MARCI SHIMOFF
La única diferencia entre las personas que viven en esta manera, que viven en la magia de la vida, y las que no es que las primeras han creado hábitos de formas de ser. Han convertido en un hábito la utilización de la ley de la atracción y la magia se produce donde quiera que estén, porque recuerdan usarla. La utilizan constantemente, no de manera excepcional.

A continuación presento dos historias que demuestran claramente la poderosa ley de la atracción y la inmaculada matriz del Universo en acción.

La primera historia es la de una mujer que se llama

Jeannie, que compró un DVD de *El Secreto* y lo veía al menos una vez al día para empaparse hasta las células con su mensaje. Bob Proctor le impresionó muy especialmente y pensó que le encantaría conocerle.

Una mañana Jeannie fue a mirar el buzón y para su gran sorpresa el cartero había puesto por error la correspondencia de Bob Proctor en su buzón. ¡Lo que Jeannie no sabía es que Bob Proctor vivía tan solo a cuatro manzanas de su casa! No sólo eso, sino que el número de la casa de Jeannie era el mismo que el de Bob. Enseguida llevó el correo a la casa correcta. ¿Puedes imaginarte su emoción cuando Bob Proctor abrió la puerta?. Él viaja mucho por todo el mundo y rara vez está en casa, pero la matriz del Universo sólo sabe de momentos adecuados. Desde el pensamiento de Jeannie de lo maravilloso que sería conocer a Bob Proctor, la ley de la atracción puso en movimiento a las personas, las circunstancias y los acontecimientos por todo el Universo para que eso sucediera.

La segunda historia es la de un niño de diez años llamado Colin, que había visto *El Secreto* y le encantó. La familia de Colin fue a Disneylandia a pasar una semana y el primer día tuvieron que hacer muchas colas en el parque. Esa noche, Colin antes de dormirse pensó: «Mañana me montaré en todas las atracciones y no tendré que hacer ninguna cola».

A la mañana siguiente Colin y su familia estaban delante de las puertas de Epcot Center cuando el parque iba a abrir y un empleado se les acercó y les preguntó si querían ser la Primera Familia del Día en Epcot. Como la Primera Familia del Día se les concedería la categoría de VIP, les acompañaría un empleado del parque y tendrían pases para todas las atracciones. ¡Era todo y más de lo que Colin había deseado!.

Había cientos de familias esperando entrar esa mañana, pero Colin no tenía la menor duda de por qué su familia había sido elegida la Primera Familia. Sabía que era porque él había utilizado El Secreto. ¡Imagina lo que ha de ser descubrir —a los diez años— que el poder de mover mundos reside dentro de ti!.

> «Nada puede evitar que tu imagen
> adopte una forma concreta salvo el
> mismo poder que le ha dado forma,
> es decir, tú mismo»
>
> *Genevieve Behrend*

JAMES RAY
Las personas lo aceptan durante un tiempo y realmente se convierten en sus grandes defensoras. Dicen: «Estoy entusiasmada. He visto este programa y voy a cambiar mi vida». Pero los resultados no se materializan. Bajo la superficie está a punto de suceder, pero la persona verá sólo los resultados superficiales y dirá: «Esto no funciona» ¿Y sabes qué? El Universo dice: «Tus deseos son órdenes» y desaparece.

Cuando dejas que un pensamiento de duda entre en tu mente, la ley de la atracción pronto atraerá una duda tras otra. En el momento en que se produce una duda, libérala inmediatamente. Envía ese pensamiento a otra parte. Sustitúyelo por «Sé que lo estoy recibiendo ahora» y siéntelo.

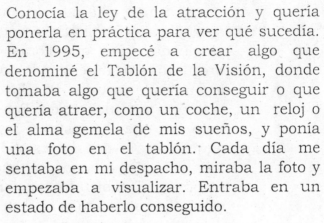

JOHN ASSARAF
Conocía la ley de la atracción y quería ponerla en práctica para ver qué sucedía. En 1995, empecé a crear algo que denominé el Tablón de la Visión, donde tomaba algo que quería conseguir o que quería atraer, como un coche, un reloj o el alma gemela de mis sueños, y ponía una foto en el tablón. Cada día me sentaba en mi despacho, miraba la foto y empezaba a visualizar. Entraba en un estado de haberlo conseguido.

Me disponía a mudarme. Pusimos todos los muebles y las cajas en un guardamuebles y nos mudamos tres veces en cinco años. Al final terminé en California y compré esta casa, hice obras durante un año y trajimos todas las cosas que teníamos guardadas hacía cinco años. Una mañana mi hijo Keenan vio a mi despacho y vio una de las cajas cerradas durante cinco años en el umbral de la puerta. «¿Qué hay en estas cajas, papá?», me preguntó. «Son mis Tablones de la Visión», le respondí. «¿Qué es un Tablón de la Visión?», preguntó a continuación. «Bueno, es donde pongo todas mis metas. Las recorto y las pongo como objetivos que quiero conseguir en mi vida», le dije. Por supuesto con cinco años y medio no lo entendió, así que le dije: «Mira, cariño, te lo voy a enseñar, ésa será la forma más sencilla de que lo entiendas».

Abrí la caja y uno de los tablones contenía

la casa que había visualizado hacía cinco años. Lo más sorprendente es que era la casa en la que estábamos viviendo. No una casa parecida, en realidad compré la casa de mis sueños, la renové y ni siquiera me había dado cuenta. Miré esa casa y empecé a llorar, porque me quedé alucinado. «¿Por qué lloras, papá?», me preguntó. «Por fin entiendo cómo actúa la ley de la atracción. Por fin entiendo el poder de la visualización. Por fin entiendo todo lo que he estado leyendo, todo aquello en lo que he estado trabajando toda mi vida, el modo en que he creado empresas. También ha funcionado con mi casa y he comprado la casa de mis sueños y no me había enterado».

«La imaginación lo es todo. Es el avance de lo siguiente que atraerá la vida».

Albert Einstein (1879 – 1955)

Puedes dejar que corra tu imaginación en un Tablón de la Visión y colocar fotos de todas las cosas que quieres y de cómo quieres que sea tu vida. Asegúrate de que lo pones en un lugar donde puedas verlo y que lo miras todos los días, como hizo John Assaraf. Siente los sentimientos de tener esas cosas ahora. Cuando recibas y sientas gratitud por recibir, podrás sacar las fotos y añadir otras. Es una forma maravillosa de introducir a los niños en la ley de la atracción. Espero que la creación de un Tablón de la Visión inspire a padres y maestros de todo el mundo.

Una de las personas del foro de la página web de El Secreto puso una imagen del DVD de *El Secreto* en su Tablón de la Visión. Había visto el documental pero no tenía una copia. A los dos días de haber creado su Tablón de la Visión, sentí la inspiración de colgar un anuncio en el foro en el que decía que regalaría DVD a las diez primeras personas que escribieran algo. ¡Él fue una de esas diez personas! Recibió una copia del DVD de *El Secreto* a los dos días de haberlo puesto en su tablón. Tanto si es un DVD de *El Secreto* como una casa, ¡el gozo de crear y recibir es extraordinario!.

Otro poderoso ejemplo de visualización es el de la experiencia de mi madre cuando se propuso comprar una casa nueva. Varias personas además de mi madre habían hecho ofertas para esa casa en particular. Mi madre decidió usar El Secreto para conseguirla. Se sentó, escribió muchas veces su nombre y la nueva dirección de la casa. Siguió haciéndolo hasta que sintió que era su nueva dirección. Luego se imaginó colocando todos los muebles en la casa nueva. A las pocas horas de estar haciendo esto recibió una llamada para comunicarle que habían aceptado su oferta. Estaba muy entusiasmada, pero no fue una sorpresa porque *sabía* que la casa era para ella. ¡Todo un triunfo!.

JACK CANFIELD

Decide lo que quieres. Confía en que lo vas a tener. Confía en que te lo mereces y que es posible para ti. Luego cierra los ojos cada día durante varios minutos y visualízate con lo que deseas, siente como si ya lo tuvieras. Sal de esa visualización y enfócate en las cosas por las que has de dar gracias y disfrútalas. Luego empieza el día y suéltalas en el Universo con la confianza de que éste se las arreglará para manifestarlo.

Resumen de El Secreto

- La expectativa es una poderosa fuerza de atracción. Espera las cosas que quieres y no esperes las que no quieres.

- La gratitud es un poderoso proceso para cambiar tu energía y aportar más de lo que realmente quieres en la vida. Da las gracias por lo que ya tienes y atraerás más cosas buenas.

- Dar las gracias por adelantado carga de energía tus deseos y envía una señal más fuerte al Universo.

- La visualización es el proceso de crear imágenes mentales de ti mismo disfrutando de lo que quieres. Cuando visualizas generas pensamientos poderosos y sentimientos de tener lo que quieres ahora. Entonces la ley de la atracción te devuelve esa realidad, tal como lo habías visto en tu mente.

- Para usar la ley de la atracción a tu favor, haz que sea tu forma de ser habitual, no sólo una actitud puntual.

- Al final del día, antes de que te vayas a dormir, recuerda lo que has hecho durante la jornada. Cualquier acontecimiento o momento que no haya sido como deseabas, vuelve a vivirlo mentalmente tal como te hubiera gustado.

El Secreto y el Dinero

«Todo lo que la mente puede
concebir se puede lograr».

W. Clement Stone (1902 – 2002)

JACK CANFIELD

El Secreto supuso una auténtica
transformación para mí, pues crecí con un
padre muy negativo que pensaba que los
ricos habían hecho su fortuna explotando
a los demás y que quien tenía dinero era porque
había engañado a alguien. De modo que crecí
rodeado de muchas creencias negativas respecto al
dinero; que si lo tenías te hacía malo, que sólo las
personas malvadas tenían dinero y que éste no crecía
en los árboles. «¿Quién te piensas que soy,
Rockefeller?», ésta era una de las frases favoritas de
mi padre. Así que me eduqué creyendo que realmente
la vida era difícil. Sólo cuando conocí a W. Clement
Stone empezó a cambiar mi vida.

Cuando trabajaba con Stone, un día me dijo: «Quiero
que te propongas una meta tan grande que cuando la
consigas, rompa todos tus esquemas mentales y

sepas que la habrás conseguido sólo gracias a lo que te he enseñado». En aquel entonces granaba unos ocho mil dólares anuales, así que dije: «Voy a manifestar eso, me lo voy a creer, voy a actuar como si fuera cierto y a liberar este pensamiento». Y así lo hice.

Una de las cosas que me enseñó fue a cerrar los ojos y a visualizar las metas como si ya las hubiera conseguido. Había impreso un billete de cien mil dólares y lo había pegado en el techo. Lo primero que veía por la mañana al abrir los ojos era el billete de cien mil dólares y lo había pegado en el techo. Lo primero que veía por la mañana al abrir los ojos era el billete y era un recordatorio de mi propósito. Luego cerraba los ojos y visualizaba el estilo de vida con ese sueldo. Curiosamente, no pasó nada importante durante casi un mes. No tuve ninguna idea decisiva, nadie me ofrecía dinero.

Cuando ya casi había transcurrido el mes, tuve una idea de cien mil dólares. Se me ocurrió de repente. Tenía un libro que había escrito y pensé: «Si puedo vender cuatrocientos mil ejemplares de mi libro a veinticinco centavos de dólar cada uno, eso sumará cien mil dólares». Ahí estaba el libro, pero jamás se me había ocurrido eso antes. (Uno de Los Secretos es que cuando tienes una idea inspirada tienes que confiar en ella y ponerla en práctica). No sabía cómo iba a vender cuatrocientos mil ejemplares.

Luego vi el *National Enquirer* en el supermercado. Lo había visto millones de veces, estaba al fondo de la estantería de revistas. De pronto, lo vi resaltado como si estuviera entre las primeras. Pensé: «Si los lectores supieran de mi libro, seguro que habría cuatrocientas mil personas que lo comprarían».

Unas seis semanas más tarde di una charla en el Hunter College de Nueva York ante seiscientos profesores y cuando terminé se me acercó una mujer y me dijo: «Ha sido una charla estupenda. Quisiera hacerle una entrevista. Aquí tiene mi tarjeta». Resultó ser una escritora que trabajaba por cuenta propia y que vendía sus historias al *National Enquirer*. De pronto empezó a sonar en mi mente la música de *La Dimensión Desconocida*, como anunciando que esto realmente estaba funcionando. El artículo se publicó y las ventas de mi libro empezaron a dispararse.

Lo que quiero resaltar es que estaba atrayendo a mi vida todos estos acontecimientos distintos, incluida a esta persona. Para resumir la historia, ese año no gané cien mil dólares. Ganamos noventa y dos mil trescientos veintisiete dólares. Pero ¿crees que nos deprimimos pensando «¿Esto no ha funcionado?». Todo lo contrario, no parábamos de decir: «¡Esto es sorprendente!» Entonces mi esposa me dijo: «Si ha funcionado con cien mil dólares, ¿crees que funcionará con un millón?» Y yo le respondí: «No lo sé, creo que sí. Vamos a probarlo».

Mi editor me mandó un cheque por los derechos de autor de nuestro primer libro *Sopa de pollo para el alma*. Y dibujó una sonrisa en su firma, porque era el primer cheque que había hecho por esa cantidad.

Así que lo sé por experiencia propia, porque quise probarlo. ¿Funciona realmente este Secreto? Nosotros lo pusimos a prueba. Funcionó y ahora lo vivo cada día.

El conocimiento de El Secreto y el uso intencionado de la ley de la atracción se puede aplicar a todos los aspectos de tu vida. Es el mismo proceso para todo lo que quieras crear y la cuestión del dinero no es diferente.

Para atraer dinero te has de enfocar en la riqueza. Es imposible atraer más dinero a tu vida cuando sientes que no tienes suficiente, porque eso significa que tienes pensamientos de carencia. Enfócate en que no tienes suficiente dinero y crearás muchas más situaciones de carencia del mismo. Has de enfocarte en la abundancia de dinero para que éste venga a ti.

Debes emitir una nueva señal con tus pensamientos y ésta debe ser que actualmente tienes más que suficiente. Realmente has de recurrir a tu imaginación y fingir que ya tienes el dinero que necesitas. ¡Es muy divertido hacerlo!. Mientras finges y juegas a pretender que tienes dinero observarás que en el acto te sientes mejor respecto al mismo, y en cuanto te sientas mejor, éste empezará a fluir en tu vida.

La maravillosa historia de Jack inspiró al equipo de El Secreto a crear un cheque en blanco en nuestra web, www.thesecret.tv, para que te lo descargues gratuitamente. El cheque en blanco es para ti y es del Banco del Universo. Lo rellenas con tu nombre, la cantidad, los datos pertinentes y lo colocas en un lugar donde puedas verlo cada día. Cuando mires tu cheque, siente como si ya tuvieras ese dinero. Imagina que gastas ese dinero, todas las cosas que quieres comprar y las cosas que harías. ¡Siente lo maravilloso que es! Sabes que es tuyo, porque cuando pides, se te da. Hemos recibido cientos de historias de personas que han obtenido grandes sumas de dinero utilizando el cheque de El Secreto. ¡Es un juego divertido que funciona!.

Atrae la Abundancia

La única razón por la que una persona no tiene *suficiente dinero es porque está* bloqueando *su llegada con sus pensamientos. Todo pensamiento, sentimiento o emoción negativos bloquean que lo bueno llegue hasta ti, eso incluye el dinero. No es que el Universo retenga tu dinero, porque todo el dinero que necesitas ya existe en este mismo instante en el plano invisible. Si no tienes bastante es porque estás deteniendo el flujo de dinero y lo estás haciendo con tus pensamientos. Debes compensar el equilibrio entre tus pensamientos de falta de dinero y los de tener más que suficiente. Ten más pensamientos de abundancia que de carencia y habrás compensado la balanza.*

Cuando sientes que necesitas *dinero, experimentas un sentimiento muy fuerte y, por supuesto, por la ley de la atracción continúas atrayendo esa* necesidad *de dinero.*

Respecto a este tema del dinero puedo hablar por propia experiencia, porque justo antes de descubrir El Secreto mis contables me dijeron que mi empresa había sufrido grandes pérdidas ese año y que, en el plazo de tres meses, me declararía en quiebra. Después de diez años de duro trabajo, mi empresa se me escapaba de las manos. Al necesitar más dinero para salvarla, las cosas empeoraron. No parecía haber salida.

Entonces descubrí El Secreto y todo en mi vida

—*incluida mi empresa— se transformó por completo, porque cambié mi forma de pensar. Mientras mis contables seguían echándose las manos a la cabeza enfocándose en eso, yo me enfoqué en la abundancia y en el bienestar. Estaba convencida hasta la médula de que el Universo proveería, y así fue. Lo hizo de modos totalmente insospechados. Tuve mis momentos de duda, pero cada vez que aparecía una duda, inmediatamente cambiaba mis pensamientos hacia el resultado que quería. Daba gracias por ello y sentía la felicidad de tenerlo, y ¡tuve fe!.*

Voy a contarte un secreto sobre El Secreto. El atajo hacia cualquier cosa que desees en la vida es ¡SER y SENTIRTE feliz ahora! Es la vía más rápida de atraer dinero y todo lo que desees a tu vida. Cuando lo hagas atraerás todo lo que te aporta dicha y felicidad, que no sólo incluirá dinero en abundancia, sino todo lo que desees. Has de irradiar la señal de que te devuelvan lo que has pedido. Cuando irradias esos sentimientos de felicidad, vuelven a ti en las imágenes y experiencias de tu vida. La ley de la atracción está reflejando tus pensamientos y sentimientos más íntimos.

Enfócate en la Prosperidad

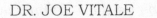

DR. JOE VITALE

Puedo imaginarme que muchas personas piensan: «¿Cómo puedo atraer más dinero a mi vida? ¿Cómo puedo conseguir más billetes? ¿Cómo puedo lograr más riqueza y prosperidad? ¿Cómo puedo, si me gusta mi trabajo, hacer frente a la deuda que he contraído con la tarjeta de crédito y la realidad de que hay un tope en mis ingresos puesto que éstos proceden de mi trabajo? ¿Cómo puedo conseguir más?» ¡Inténtalo!.

La anterior se refiere a una de las cosas de las que hemos estado hablando a lo largo de todo El Secreto. Tu deber es manifestar lo que te gustaría tener del catálogo del Universo. Si el dinero en efectivo es una de esas cosas, especifica cuánto te gustaría tener. «Me gustaría tener unos ingresos inesperados de veinticinco mil dólares en los próximos treinta días», o cualquier otra cosa. Tiene que ser *creíble* para ti.

Si alguna vez habías pensado que el dinero solo podía proceder del trabajo, deshazte inmediatamente de ese pensamiento. ¿Te das cuenta de que mientras sigues pensando eso ésa *deberá* ser tu experiencia? Ese tipo de pensamiento no te sirve.

Ahora empiezas a entender que hay abundancia para ti y que tu trabajo no es el «como» te llegará ese dinero. Tu deber es pedir, creer que estás recibiendo y sentirte feliz ahora. Deja los detalles de cómo sucederá al Universo.

BOB PROCTOR

La mayoría de las personas tienen como meta pagar sus deudas. Eso te mantendrá siempre endeudado. Aquello en lo que pienses es lo que atraerás. Aunque digas: «Pero se trata de no tener deudas». Si estás pensando en deudas, no me importa si es contraerlas o pagarlas, estás pensando en endeudamiento, estás atrayendo la deuda. Establece un programa de amortización de deudas y empieza a enfocarte en la prosperidad.

Cuando tengas una pila de facturas que no tienes ni idea de cómo vas a pagar, no te enfoques en esas facturas, porque lo único que conseguirás es atraer más. Tienes que encontrar una solución enfocándote en la prosperidad, a pesar de las facturas que te rodean. Debes encontrar la manera de sentirte bien, para poder atraer lo bueno.

JAMES RAY

Muchas veces las personas me dicen: «Me gustaría duplicar mis ingresos el año que viene». Pero luego ves sus acciones y no están haciendo lo que deberían hacer para que eso suceda. Se darán la vuelta y dirán: «No puedo hacer eso» ¿Te acuerdas? «Tus deseos son órdenes».

Aunque ya hayas pronunciado las palabras «No puedo hacer eso», todavía tienes poder para cambiarlas. Cámbialas por «¡Puedo hacerlo! ¡Puedo comprarlo!». Repítelo varias veces. Repite como un loro. Durante los próximos treinta días proponte mirar todo lo que te gusta y decirte: «Puedo permitírmelo. Puedo comprarlo». Cuando veas la ropa que te gusta o pienses en unas vacaciones, di: «Puedo permitírmelo». A medida que vayas haciendo esto irás cambiando y empezarás a *sentirte* mejor respecto al dinero. Comenzarás a convencerte de que puedes comprar esas cosas, y cuando lo hagas, las imágenes de tu vida cambiarán.

LISA NICHOLS

Cuando te enfocas en la carencia y en lo que no tienes, hablas de ello con tu familia, con tus amigos, dices a tus hijos que no tienes suficiente —«No nos llega para esto, no podemos permitirnos esto»—, nunca tendrás suficiente, porque empiezas a atraer más de lo que no tienes. Si quieres abundancia, prosperidad, enfócate en la abundancia. Enfócate en la prosperidad.

«La sustancia espiritual de la que surge toda la riqueza visible nunca se agota. Está siempre contigo y responde a tu fe en ella y a tus peticiones»

Charles Fillmore (1854-1948)

Ahora que ya conoces El Secreto, cuando veas a una persona rica sabrás que los pensamientos que predominan en esa persona son de riqueza no de escasez, y que ha atraído la riqueza, tanto si lo ha hecho conscientemente como si lo ha hecho inconscientemente. Se ha enfocado en pensamientos de riqueza y el Universo ha puesto en marcha a las personas, circunstancias y acontecimientos necesarios para entregársela.

La riqueza que esas personas poseen también la posees tú. La única diferencia es que ellas han tenido los pensamientos correctos para atraer la riqueza. Tu riqueza te está esperando en el plano invisible, tráela al mundo visible, ¡piensa en riqueza!.

DAVID SCHIRMER

Cuando entendí El Secreto, cada día me llegaban un montón de facturas por correo. «¿Cómo puedo cambiar esto?», pensé. La ley de la atracción afirma que aquello en lo que te enfocas es lo que atraes. De modo que cogí un extracto bancario, borré el total y puse otro. Puse exactamente lo que quería ver en el banco. «¿Y si visualizo que me llegan cheques por correo?» pensé. Así que visualicé que me llegaban, un montón de cheques. En un mes las cosas empezaron a cambiar. Es sorprendente, ahora sólo recibo cheques. Bueno, recibo algunas facturas, pero más cheques que facturas.

Desde que se estrenó el documental *El Secreto* hemos recibido cientos de cartas de personas que han dicho que desde que lo han visto han recibido cheques inesperados. Eso les ha sucedido porque concentrarse en la historia de David les ha aportado cheques.

Un juego que yo misma diseñé me ayudó a cambiar mis sentimientos respecto a las facturas, se basaba en fingir que éstas eran cheques. Daba saltos de alegría cada vez que abría un sobre «¡Más dinero! Gracias. Gracias». Imaginaba que cada factura era un cheque y luego le añadía un cero mentalmente para que aumentara la cantidad. Cogía un bloc de notas y al principio de la página escribía: «He recibido», y luego anotaba todas las cantidades de las facturas añadiendo un cero. Cerca de la cifra escribía «Gracias», y me sentía agradecida por haberla recibido, hasta que me llenaban los ojos de lágrimas. Luego cogía cada factura, que me parecía muy pequeña en comparación con lo que había recibido, y la pagaba con gratitud.

Nunca abría los sobres con facturas hasta que podía sentir que eran cheques. Si abría los sobres antes de convencerme de que eran cheques, se me encogía el estómago al abrirlos. Sabía que esa sensación de encogérseme el estómago atraería más facturas. Sabía que tenía que eliminar ese sentimiento para atraer más dinero a mi vida. Ante una pila de facturas, ese juego me funcionó y cambió mi vida. Puedes crear muchos juegos, y sabrás cuál es el que mejor te funciona observando cómo te sientes. ¡Cuando pretendes que ya ha sucedido algo los resultados se producen rápidamente!.

LORAL LANGEMEIER
ESTRATEGA FINANCEIRA, ORADORA Y COACH PERSONAL Y EMPRESARIAL
A mí me educaron con la idea de «Para ganar dinero has de trabajar mucho». Yo la reemplacé por «El dinero viene fácilmente y con frecuencia». Al principio suena como una mentira, ¿verdad? Es la parte de tu cerebro que te dice: «¡Mentirosa! Cuesta mucho ganar dinero». Has de ser consciente de que este pequeño partido de tenis durará algún tiempo.

Si alguna vez has pensado «Tengo que trabajar mucho y esforzarme para ganar dinero», elimina inmediatamente ese tipo de pensamientos. Pensando de esa manera has emitido una frecuencia que se ha convertido en las imágenes de la experiencia de tu vida. Sigue el consejo de Loral Langemeier y sustituye esos pensamientos por otros del tipo «El dinero viene fácilmente y con frecuencia».

DAVID SCHIRMER

Cuando se trata de crear riqueza, ésta es un estado mental. Todo radica en tu modo de pensar.

LORAL LANGEMEIER
Creo que el 80 por ciento del coaching les sirve a mis clientes para trabajar sus aspectos psicológicos y su forma de pensar. Cuando me dicen: «Ah, tú sí que

puedes hacerlo, yo no», sé que tienen la capacidad de cambiar su relación interior y su conversación con el dinero.

«La buena noticia es que cuando decidas que lo que sabes es más importante que lo que te han enseñado a creer habrás cambiado de velocidad en tu búsqueda de la abundancia. El éxito viene de tu interior, no de fuera».

Ralph Waldo Emerson (1803-1882)

Debes *sentirte bien* respecto al dinero para atraer más hacia ti. Como es natural, cuando las personas carecen de suficiente dinero no se sienten bien respecto al mismo, porque no tienen suficiente. ¡Pero esos sentimientos negativos con los que impiden que te llegue más dinero! Debes parar el ciclo, y eso lo consigues sintiéndote bien con el dinero y dando gracias por lo que tienes. Empieza a sentirte bien y *siente* «Tengo más que suficiente», «Hay dinero en abundancia y viene hacia mí», «Soy un imán para el dinero», «Me encanta el dinero y yo le gusto al dinero», «Cada día recibo dinero», «Gracias. Gracias. Gracias».

Da Dinero para Recibir Dinero

Dar es una acción muy poderosa para atraer más dinero a tu vida, porque cuando das estás diciendo

«Tengo suficiente». No te sorprendas cuando te enteres de que las personas más ricas del mundo son los grandes filántropos. Donan grandes cantidades de dinero, y al dar, por la ley de la atracción, el Universo se abre y les ¡inunda devolviéndoselas multiplicadas!.

Si estás pensando «No tengo bastante dinero», ¡bingo! ¿Ahora no tendrás bastante dinero! Cuando pienses que no tienes suficiente para dar, empieza a dar. Cuando das muestras de tu fe dando, la ley de la atracción te da más para que puedas seguir dando.

Existe una gran diferencia entre dar y sacrificar. Dar con el corazón rebosante te hace sentir bien. Sacrificar no te ayuda a sentirte bien. No te confundas con estas dos actitudes, son radicalmente opuestas. Una emite una señal de carencia, mientras que la otra emite la señal de tener más que suficiente. Con una te sientes bien y con la otra no. El sacrificio acabará conduciéndote al resentimiento. Dar con un corazón lleno es una de las acciones más hermosas que puedes realizar y la ley de la atracción captará la señal y traerá más a tu vida. Puedes *sentir* la diferencia.

 JAMES RAY

Conozco a muchas personas que ganan grandes cantidades de dinero, pero sus relaciones son un desastre. Eso no es riqueza. Puede que persigas el dinero y que te hagas rico, pero eso no te garantiza que lo seas. No te estoy diciendo que el dinero no forme parte de la riqueza, desde luego que sí. Pero sólo una parte. También conozco a muchas personas «espirituales», pero que siempre están enfermas y sin dinero. Eso tampoco es riqueza. La vida es abundancia en todas las áreas.

Si has sido educado para creer que ser rico no es espiritual, te recomiendo que leas *The Millonaires of the Biblie Series* de Catherine Ponder. En estos maravillosos libros descubrirás que Abraham, Isaac, Jacob, José, Moisés y Jesús no sólo eran maestros de la prosperidad, sino también millonarios, con unos estilos de vida más prósperos de lo que muchos millonarios actuales podrían concebir.

Eres el heredero del reino. La prosperidad es tu derecho de nacimiento y tienes la llave para toda la abundancia —en todas las áreas de tu vida— que puedas llegar a imaginar. Te mereces todas las cosas buenas que desees y el Universo te las concederá, pero debes invocarlo en tu vida. Ahora ya conoces el Secreto. Tienes la llave. La llave son tus pensamientos y sentimientos y la has tenido siempre durante toda tu vida.

MARCI SHIMOFF

Muchos occidentales se esfuerzan por tener éxito. Quieren tener una gran casa, que les funcione su negocio, desean tener muchas cosas del mundo exterior. Pero lo que hemos descubierto en nuestra investigación es que tener esas cosas no necesariamente garantiza lo que realmente queremos, que es la felicidad. Salimos en busca de cosas externas pensando que van a darnos la felicidad, pero es la inversa. Primero debes buscar la felicidad, la paz y la visión interior y luego se manifestará todo en el exterior.

¡Lo que necesitas es un trabajo interior! El mundo exterior es el mundo de los efectos; es el resultado de los pensamientos. Sintoniza tus pensamientos y frecuencia con la felicidad. Irradia sentimientos de felicidad en tu interior y transmítelos al Universo con toda tu fuerza y experimentarás el cielo en la tierra.

Resumen de El Secreto

- *Para atraer dinero, enfócate en la riqueza. Es imposible atraer más dinero a tu vida cuando te enfocas en la falta del mismo.*

- *Utilizar la imaginación y fingir que ya tenemos el dinero que queremos es una herramienta útil. Juega a tener riqueza y te sentirás mejor con el dinero; cuando te sientas mejor, llegará más a tu vida.*

- *Ser feliz es la vía más rápida de atraer dinero a tu vida.*

- *Mira todo lo que te guste y di «Puedo permitírmelo. Puedo comprarlo». Cambiarás tu forma de pensar y empezaras a sentirte mejor respecto al dinero.*

- *Da dinero para atraer más a tu vida. Cuando eres generoso con el dinero y te sientes bien compartiéndolo, estás diciendo: «Tengo en abundancia».*

- *Visualiza que te llegan cheques por correo.*

- *Equilibra la balanza de tus pensamientos de riqueza. Piensa en riqueza.*

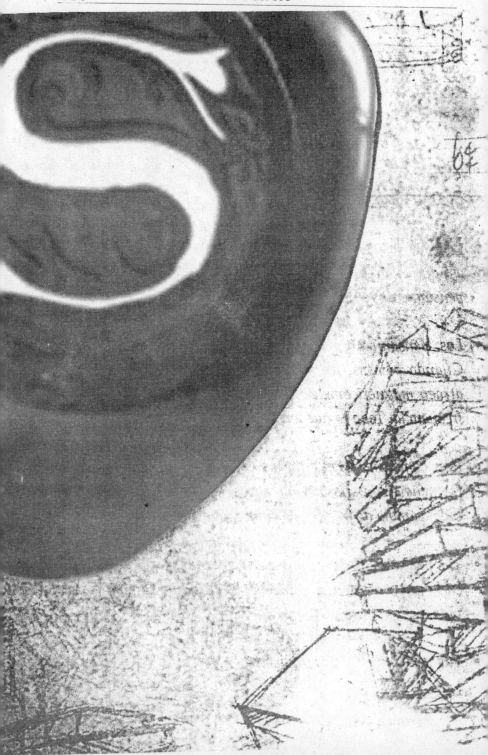

El Secreto y las Relaciones

MARIE DIAMOND

ASESORA DE FENG SHUI, PROFESSORA Y ORADORA

El Secreto significa que somos creadores de nuestro Universo y que todos los deseos que queramos crear se manifestarán en nuestra vida. Por consiguiente, nuestros deseos, pensamientos y sentimientos son muy importantes porque se manifiestan.

Un día fui a casa de un director artístico, un productor de cine muy famoso. En todos los rincones de su casa tenía la hermosa imagen de una mujer desnuda envuelta con una tela, en un gesto como de darse la vuelta para marcharse como si estuviera diciendo «No te veo». «Creo que no debes ser muy afortunado con los amoríos», le dije. «¿Eres clarividente?», me respondió.

«No, pero observa. Tienes el mismo retrato de esa mujer en siete sitios», le dije. «Pero me gusta ese cuadro, lo he pintado yo" me contestó. "Peor aún, porque has puesto toda tu creatividad en ello»,le respondí.

Era un hombre muy atractivo que siempre estaba rodeado de bellas actrices debido a su trabajo y no tenía ningún amorío. «¿Qué es lo que te gustaría?», le pregunté. «Me gustaría salir con tres mujeres cada semana», me dijo. «Muy bien, píntalo. Píntate con tres mujeres y cuelga el cuadro por todas partes", le respondí.

A los seis meses volví a verle y le pregunté: «¿Cómo va tu vida amorosa?» «¡De maravilla! Las mujeres me llaman, quieren salir conmigo». «Porque eso es lo que deseas», le dije, «Me siento estupendamente. No había tenido ninguna cita en años y ahora tengo tres a la semana. Se pelean por mí». «Estupendo», respondí. Entonces me dijo: «Pero ahora me gustaría sentar la cabeza. Me gustaría casarme, quiero enamorarme». «Bueno, pues píntalo». Pintó una hermosa relación romántica y un año después se casó. Ahora es muy feliz.

Esto fue porque lanzó otro deseo. Lo deseó durante años sin que sucediera, porque su deseo no se podía manifestar. Su plano externo —su casa— estaba contradiciendo constantemente su deseo. Si entiendes este conocimiento, empieza a emplearlo.

La historia del cliente de Marie Diamond es un ejemplo perfecto de cómo el feng shui refleja las enseñanzas de El Secreto. Ilustra cómo nuestros pensamientos pueden crear algo cuando los ponemos en práctica. Toda acción ha de ir precedida de un pensamiento. Los pensamientos crean las palabras que pronunciamos, nuestros sentimientos y acciones. Las acciones son especialmente poderosas porque son pensamientos que nos *han hecho* actuar.

Puede que ni siquiera nos demos cuenta de cuales son nuestros más ocultos pensamientos, pero podemos ver lo que hemos estado pensando observando las acciones que hemos realizado. En la historia del productor de cine, sus pensamientos más recónditos se reflejaban en sus acciones y entorno. Había pintado a muchas mujeres dándole la espalda. ¿Te das cuenta de cuales eran sus pensamientos más profundos? Aunque decía que quería salir con mujeres, no lo reflejaba en sus cuadros. Cuando eligió cambiar deliberadamente sus acciones, hizo que todo su pensamiento se enfocara en lo que quería. Con un cambio tan sencillo, pudo pintar su vida y hacer que se manifestara a través de la ley de la atracción.

Cuando quieras atraer algo a tu vida, asegúrate de que tus acciones no contradicen tus deseos. Uno de los ejemplos más bellos es el de Mike Dooley, uno de los maestros que aparecen en el documental *El Secreto,* en su curso en audio *Leveraging the Universe and Engaging the Magic* (Influye en el Universo y entra en la magia). Es la historia de una mujer que quería atraer al hombre perfecto a su vida. Había hecho todas las cosas correctas: tenía claro cómo quería que fuera, hizo una lista detallada de sus cualidades y le visualizó en su vida. A pesar de haber hecho todas estas cosas, no había señales de él.

Un día cuando llegaba a su casa y estaba aparcando el coche en su garaje, suspiró al darse cuenta de que sus acciones contradecían lo que quería. Si su coche estaba en medio del garaje, ¡no había sitio para su compañero perfecto! Sus acciones le estaban diciendo al Universo que no creía que fuera a recibir lo que estaba pidiendo. De modo que enseguida limpió el garaje y aparcó su coche a un lado, dejando sitio para que cupiera el vehículo de su pareja perfecta. Luego se fue a su habitación y abrió el armario, que estaba abarrotado de ropa. No había sitio para la ropa de su pareja perfecta. Apartó algunos de sus vestidos para dejar espacio. También había estado durmiendo en medio de la cama y empezó a hacerlo en «su» lado, dejando espacio para él.

Esta mujer relató su historia a Mike Dooley durante una cena y en la mesa de al lado estaba sentada su pareja perfecta. Después de realizar todas estas poderosas acciones y de actuar como si ya hubiera recibido lo que había pedido. Él entró en su vida y ahora están felizmente casados.

Otro sencillo ejemplo de «actuar como si» es lo que le sucedió a mi hermana Glenda, que es la directora de producción del documental *El Secreto*. Ella vivía y trabajaba en Australia y quería trasladarse a Estados Unidos y trabajar conmigo en nuestra oficina americana. Glenda conocía muy bien El Secreto y estaba dando todos los pasos correctos para conseguir lo que quería, pero pasaban los meses y seguía en Australia.

Glenda observó sus acciones y se dio cuenta de que no estaba «actuando como si» estuviera recibiendo lo que había pedido. De modo que empezó a actuar con más coherencia. Lo organizó todo para marcharse. Se dio de baja en las asociaciones a las que pertenecía, regaló cosas que no iba a necesitar e hizo las maletas.

En cuatro semanas, Glenda estaba en Estados Unidos trabajando con nosotros.

Piensa en lo que has pedido y asegúrate de que tus acciones están reflejando lo que esperas recibir, que no son contradictorias. Actúa como si estuvieras recibiéndolo. Haz exactamente lo que harías si lo estuvieras recibiendo hoy y actúa de modo que se refleje esa poderosa expectativa. Deja espacio para recibir tus deseos; cuando lo hagas, estarás enviando una potente señal de expectativa.

Tu trabajo eres Tú

LISA NICHOLS

En las relaciones es importante saber desde un principio quién está entrando en tu vida y no me refiero sólo a tu pareja. Primero te has de entender a ti mismo.

JAMES RAY

¿Cómo puedes esperar que otra persona disfrute de tu compañía si tú no disfrutas contigo mismo? Una vez más, la ley de la atracción o El Secreto están a punto de traerte eso a tu vida. Lo has de tener muy pero que muy claro. Esto es lo que te has de plantear: ¿te tratas como te gustaría que te tratarán?.

Si no te tratas como te gustaría que te trataran los demás, nunca podrás cambiar las cosas. Tus acciones son tus poderosos pensamientos; si no te tratas con amor y respeto, estás emitiendo una señal que indica que no te consideras lo suficiente importante, ni lo bastante digno o que crees que no te mereces lo que pides. Esa señal se seguirá emitiendo y experimentarás más situaciones de estar con personas que no te tratan bien. Las personas no son más que el efecto. Tus pensamientos son la causa. Has de empezar a tratarte con amor y respeto, emitir esa señal y entrar en esa frecuencia. Luego la ley de la atracción moverá todo el Universo y tu vida se llenará de personas que te aman y respetan.

Muchas personas se han sacrificado por otras pensando que eso las hace mejores. ¡Falso! El sacrificio sólo puede proceder de pensamientos de carencia, porque es como decir: «No hay suficiente para todos, así que yo me privaré de ello». Esos sentimientos no son agradables y al final conducen al resentimiento. Hay abundancia para todos y cada persona tiene la responsabilidad de invocar sus propios deseos. No puedes invocar algo en nombre de otra persona porque no puedes pensar ni sentir por otro. Tu trabajo eres Tú. Cuando sentirte bien se convierte en tu prioridad, esa espléndida frecuencia irradia y alcanza a los que tienes más cerca.

 DR. JOHN GRAY

Tú eres tu solución. No señales a otro diciendo: «Estás en deuda conmigo y has de darme más». Por el contrario, tienes que darte más a ti mismo. Dedica tiempo a darte a ti mismo, y en cierto sentido a

satisfacerte el máximo posible hasta que des a chorros.

«Para conseguir amor... llénate de amor hasta convertirte en un imán».

Charles Haanel

A muchos nos han enseñado que primero son los demás, y el resultado es que hemos atraído sentimientos de no ser merecedores de las cosas. Mientras íbamos albergando esos sentimientos, continuábamos atrayendo más situaciones que nos hacían sentirnos más indignos y que no teníamos suficiente. Debes cambiar esa forma de pensar.

«Sin duda, para algunos, la idea de darse tanto amor a uno mismo puede parecerles muy fría, difícil y poco compasiva. Sin embargo, este asunto puede contemplarse desde otra perspectiva cuando descubrimos que «cuidar al Número Uno», tal como indica lo Infinito, es en realidad cuidar al Número Dos y la única forma en que podemos beneficiar permanentemente al Número Dos».

Prentice Mulford

A menos que primero te llenes a ti mismo, no tendrás nada que dar a los demás. Por lo tanto es imprescindible que primero cuides de Ti. Vela primero por tu felicidad. Las personas somos responsables de nuestra propia felicidad y haz lo que te haga sentirte bien, sé una persona con la que apetezca estar, sé un ejemplo para todas las personas de tu vida, ya sean adultos o niños. Cuando eres feliz no piensas en dar, pues das a chorros como algo natural.

LISA NICHOLS

Me embarqué en muchas relaciones con la esperanza de que mi pareja me mostrara mi belleza, porque yo no podía verla. Cuando todavía estaba creciendo, mis héroes o mis heroínas eran la Mujer Biónica, la Mujer Maravilla y los Ángeles de Charlie. Y aunque eran maravillosas, no se parecían a mí. No fue hasta que me enamoré de Lisa —me enamoré de mi piel achocolatada, de mis labios gruesos, de mis caderas redondeadas y de mi pelo negro y rizado—, que el resto del mundo se pudo enamorar de mí.

La razón por la que te has de querer es porque es imposible que te sientas bien si no te quieres. Cuando no estás a gusto contigo, estás bloqueando todo el amor y el bien que te tiene reservado el Universo.

Cuando te sientes mal contigo mismo, es como si tú mismo estuvieras chupándote la vida, porque todo lo bueno, en todas las áreas —incluida la salud, el dinero y el amor—, está en la frecuencia de la felicidad y de sentirse bien. El sentimiento de gozar de una energía ilimitada y el sorprendente sentimiento de salud y bienestar están en la frecuencia de sentirse bien. Cuando no te sientes bien contigo mismo, estás en una frecuencia que atrae a más personas, situaciones y circunstancias que continuarán haciendo que te sientas mal.

Debes cambiar de enfoque y empezar a pensar en todas las cosas maravillosas que hay en Ti. Observa tus aspectos positivos. Cuando te enfocas en esas cosas, la ley de la atracción te mostrará más cosas bellas de Ti. Atraes lo que piensas. Lo único que tienes que hacer es empezar con un pensamiento prolongado de algo bueno respecto a Ti, y la ley de la atracción responderá dándote más pensamientos *similares*. Busca las cosas buenas que hay en Ti. ¡Busca y encontrarás!.

BOB PROCTOR

Hay algo extraordinario respecto a ti. Me he estado estudiando durante cuarenta y cuatro años. ¡A veces hasta tengo ganas de besarme! Tú también llegarás a quererte.

No estoy hablando de engañarte. Estoy hablando de un respeto sano por tu persona. Cuando te amas a ti mismo, automáticamente amas a los demás.

MARCI SHIMOFF

Estamos muy acostumbrados en nuestras relaciones a quejarnos de los demás. Por ejemplo: «Mis compañeras de trabajo pasan de todo, mi esposo me pone histérica, mis hijos son muy difíciles». Siempre nos enfocamos en los otros. Pero para que funcionen las relaciones, hemos de enfocarnos en lo que apreciamos de la otra de la otra persona, no en lo que no nos gusta. Cuando nos quejamos de esas cosas, sólo conseguimos más de lo mismo.

Aunque estés pasando una etapa muy dura en una relación —las cosas no funcionan, no te llevas bien, tienes a alguien en tu contra— , todavía puedes cambiar esa situación. Toma papel y lápiz y durante el mes siguiente escribe todas las cosas que aprecias de esa persona. Piensa en todas las razones por las que la quieres, aprecia su sentido del humor, aprecia su apoyo. Descubrirás que cuando te enfocas en apreciar y reconocer sus puntos fuertes, esos aspectos se manifestarán más y los problemas desaparecerán.

LISA NICHOLS

Con frecuencia das a los demás la oportunidad de crear tu felicidad y muchas veces no lo consiguen. ¿Por qué? Porque la única persona responsable de tu felicidad, de tu estado de dicha total, eres tú. Por eso ni siquiera tus padres, hijos o pareja tienen control alguno sobre la misma. Simplemente tienen la oportunidad de compartirla contigo.

Tu felicidad reside dentro de ti.

Toda tu felicidad está en la frecuencia del amor, la frecuencia más alta y poderosa. No puedes retener el amor en tu mano. Sólo puedes *sentirlo* en tu corazón. Es un estado de ser. Puedes ver la evidencia de ese amor expresándose a través de las personas, pero el amor es un sentimiento y tú eres el único que puede irradiar y emitir ese sentimiento y cuando amas estás en armonía total con el Universo. Ama todo lo que puedas. Ama a todas las personas que puedas. Enfócate sólo en las cosas que amas, siente el amor y experimentarás que ese amor y dicha vuelve a ti ¡multiplicado! La ley de la atracción ha de enviarte más cosas para amar. Cuando irradias amor, te parece que el Universo entero lo está haciendo todo por ti, atrayendo todas las cosas bellas hacia ti, atrayendo a todas las personas buenas, en verdad, así es.

Resumen de El Secreto

- *Cuando quieres atraer una relación, asegúrate de que tus pensamientos, palabras, acciones y entorno no contradigan tus deseos.*

- *Tu trabajo eres Tú. A menos que primero te llenes a ti mismo, no tendrás nada que dar a nadie.*

- *Trátate con amor y respeto y atraerás a las personas que te amarán y respetarán.*

- *Cuando no estás a gusto contigo mismo, estás bloqueando el amor y sigues atrayendo a más personas y situaciones que te hacen sentir mal.*

- *Enfócate en las cualidades que te gustan de ti, y la ley de la atracción te enseñará más cosas buenas de ti.*

- *Para que una relación funcione, enfócate en lo que aprecias de la otra persona y no en lo que no te gusta. Cuando te enfocas en lo bueno, obtienes más de lo mismo.*

El Secreto y la Salud

DR. JOHN HAGELIN
FÍSICO QUÁNTICO Y EXPERTO EN ADMINISTRACIÓN PÚBLICA
Nuestro cuerpo es el producto de nuestros pensamientos. La ciencia médica está empezando a comprender el grado en que la naturaleza de los pensamientos y emociones determinan la sustancia física, la estructura y la función de nuestro cuerpo.

DR. JOHN DEMARTINI
Todos conocemos el efecto placebo en el arte de sanar. Un placebo es algo que supuestamente no tiene ningún efecto o repercusión en el cuerpo, como una pastilla de azúcar.

Sin embargo, le dices al paciente que es muy eficaz y lo que sucede es que a veces el placebo tiene el mismo efecto, cuando no mayor, que la medicación que supuestamente ha sido diseñada para tal efecto. Se ha descubierto que la mente humana es el factor principal en las artes de sanar, a veces mayor que la medicación.

Conforme te vuelves consciente de la magnitud de El Secreto, empiezas a ver más claramente la verdad subyacente de algunos rasgos propios de la humanidad, incluida el área de la salud. El efecto placebo es un fenómeno muy potente. Cuando los pacientes *piensan y creen* verdaderamente que esa pastilla les va a curar, *reciben* lo que *creen* y se curan.

DR. JOHN DEMARTINI

Si padeces una enfermedad grave y optas por solo investigar cual ha sido el factor psicológico que te la ha provocado, en lugar de utilizar la medicina clásica, es posible que ello te cause la muerte. Evidentemente es aconsejable que tomes medicación a la vez que indagas en la causa psicológica. En ningún caso se debe renegar de la medicina. Toda forma de sanación tiene su lugar.

Sanar mediante la mente puede actuar armoniosamente junto con la medicina clásica. Si hay dolor, la medicación puede hacer que el dolor desaparezca, lo que ayudará a la persona a concentrarse más en su salud. «Pensar en la salud perfecta», es algo que cualquiera puede hacer en privado sea cual sea la situación exterior.

LISA NICHOLS

El Universo es una obra maestra de abundancia. Cuando te abres a sentir la abundancia del Universo, experimentas el asombro, la dicha, la beatitud y todas las grandes cosas que tiene reservadas para ti: buena salud, riqueza, buen carácter. Pero cuando te cierras con pensamientos negativos, experimentas malestar, dolores, y sientes que es doloroso vivir cada día.

DR. BEN JOHNSON

MÉDICO, ESCRITOR Y LÍDER EN SANACION CON LA ENERGÍA

Tenemos mil diagnósticos y enfermedades distintos. Sólo son el eslabón débil. Todos ellos son el resultado de una sola cosa: el estrés. Si ejerces suficiente presión en la cadena y en el sistema, uno de los eslabones se rompe.

Todo estrés comienza con un pensamiento negativo. Un pensamiento que no hemos tenido en cuenta, y luego cada vez más pensamientos afines, hasta que se manifiesta el estrés. El efecto es el estrés, pero la causa ha sido el pensamiento negativo y todo comienza con un pequeño pensamiento negativo. No importa lo que hayas manifestado, puedes cambiarlo... con un pequeño pensamiento positivo.

DR. JOHN DEMARTINI

Nuestra fisiología crea enfermedades para respondernos, para hacernos saber que tenemos una visión desequilibrada o que no somos capaces de amar ni de sentir gratitud. Por lo tanto los signos y síntomas del cuerpo no son algo terrible.

El doctor Demartini nos está diciendo nos está diciendo que el amor y la gratitud disolverán toda la negatividad de nuestras vidas, independientemente de la forma que hayan tomado. El amor y la gratitud pueden separar mares, mover montañas y obrar milagros. El amor y la gratitud pueden disolver cualquier enfermedad.

MICHAEL BERNARD BECKWITH

La pregunta más frecuente es: cuando una persona ha manifestado una enfermedad en el templo del cuerpo o algún tipo de malestar en su vida, ¿es posible invertir ese proceso a través del poder del pensamiento "correcto"? La respuesta es un sí rotundo.

La Risa es la mejor Medicina

LA HISTORIA DE CATHY GOODMAN,

Me diagnosticaron cáncer de mama. Realmente creí con todo mi corazón, con toda mi fe, que ya me había curado. Cada día decía: «Gracias por mi curación». Esto lo repetía continuamente. «Gracias por mi curación». Estaba convencida de que me había curado. Me veía como si el cáncer nunca hubiera invadido mi cuerpo.

Una de las cosas que hice para sanarme fue ver películas cómicas. Todo lo que hacíamos era reír y reír. No podíamos permitirnos ningún estrés en mi vida porque sabíamos que ésa era una de las peores cosas que te pueden pasar mientras estás intentando curarte.

Desde el diagnóstico hasta la curación transcurrieron aproximadamente tres meses. No me sometí ni a quimioterapia ni a radiación.

Esta hermosa e inspiradora historia de Cathy Goodman demuestra los tres grandes poderes en acción: el poder de la gratitud para sanar, el poder de la fe para recibir y el poder de la risa y la felicidad para disolver la enfermedad en nuestro cuerpo.

Cathy tuvo la inspiración de usar la risa en su sanación, tras conocer la historia de Norman Cousins.

A Norman le habían diagnosticado una enfermedad «incurable». Los médicos le habían dicho que sólo le quedaban unos meses de vida. Norman decidió curarse a sí mismo. Durante tres meses se dedicó a ver todas las películas cómicas que pudo y a reírse sin parar. La enfermedad desapareció en tres meses y los médicos dijeron que su recuperación había sido un milagro.

Al reír, Norman liberó toda la negatividad y también su enfermedad. Sin duda, la risa *es* la mejor medicina.

DR. BEN JOHNSON

Todos venimos con un programa básico. Se denomina «autosanación». Te haces una herida y se cierra. Tienes una infección bacteriana y el sistema inmunitario se pone en marcha para combatir esas bacterias y te cura. El sistema inmunitario está diseñado para proteger al cuerpo.

BOB PROCTOR

La enfermedad no puede subsistir en un cuerpo que se encuentra en un estado emocional saludable. Nuestro cuerpo está eliminando millones de células cada segundo y también crea millones de células al mismo tiempo.

DR. JOHN HAGELIN

De hecho, hay partes de tu cuerpo que cada día son sustituidas. Otras partes tardan meses, otras tardan años. Pero al cabo de unos pocos años todos tenemos un cuerpo totalmente nuevo.

Si todo nuestro cuerpo se renueva cada cierto tiempo, tal como ha demostrado la ciencia, ¿cómo puede una enfermedad o un proceso degenerativo habitar en nuestro cuerpo durante años?. Sólo puede retenerlo el pensamiento, la observación de la enfermedad y la atención que se le concede a la misma.

Ten Pensamientos de Perfección

Ten pensamientos de perfección. La enfermedad no puede existir en un cuerpo que tiene pensamientos armoniosos. Sé consciente de que sólo hay perfección, y cuando observas la perfección has de invocarla en tí. Los pensamientos imperfectos son la causa de todos los males de la humanidad, incluida la enfermedad, la pobreza y la infelicidad. Cuando tenemos pensamientos negativos nos estamos privando de la herencia que nos pertenece por derecho propio. Manifiesta y proponte: «Tengo pensamientos perfectos. Sólo veo perfección. Soy perfección».

Eliminé todo ápice de rigidez y falta de agilidad de mi cuerpo. Me enfoqué en ver mi cuerpo tan flexible y perfecto como el de una niña y la rigidez y el dolor articular desaparecieron.

Puedes comprobar que las creencias sobre el envejecimiento están en nuestra mente. La ciencia explica que nuestro cuerpo se regenera por completo en muy poco tiempo. El envejecimiento es el pensamiento limitado, de modo que libera esos pensamientos de tu conciencia y piensa que tu cuerpo sólo tiene unos meses, por más cumpleaños que hayas tachado en tu calendario. En tu próximo cumpleaños hazte un favor y ¡celébralo como si fuera el primero! No cubras tu cuerpo con sesenta velas, a menos que desees invocar eso. Por desgracia, la sociedad occidental tiene una fijación con la edad, aunque en realidad ésta no existe.

Puedes *pensar* tu camino hacia un estado de salud perfecto, el cuerpo perfecto, el peso perfecto y la juventud eterna. Puedes hacer que se manifieste, pensando coherentemente en la perfección.

BOB PROCTOR

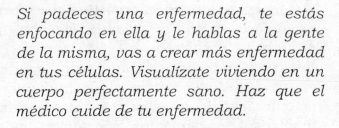

> *Si padeces una enfermedad, te estás enfocando en ella y le hablas a la gente de la misma, vas a crear más enfermedad en tus células. Visualízate viviendo en un cuerpo perfectamente sano. Haz que el médico cuide de tu enfermedad.*

Las personas que padecen una enfermedad suelen hablar de ella todo el tiempo. Eso es porque piensan en ella continuamente y verbalizan sus pensamientos. Si te encuentras un poco mal, no hables de ello, a menos que quieras más. Sé consciente de que tu pensamiento ha sido el responsable de ese estado y repite todas las veces que puedas «Me siento de maravilla. Me siento muy bien», y realmente siéntelo así. Si no te encuentras muy bien y alguien te pregunta ¿qué tal estás?, agradece que esa persona te haya recordado tus pensamientos de sentirte bien. Habla sólo de lo que quieres.

No puedes enfermar a menos que creas que puedes, y pensar eso supone invitar con tu pensamiento a que así sea. También estás invitando a la enfermedad cuando escuchas a otras personas hablar de enfermedades. Al escucharlas estás prestando toda tu atención a la enfermedad, y cuando prestas toda tu atención a algo, lo estás invocando. Y sin duda no estás ayudando a esas personas. Estás dando energía a su enfermedad. Si realmente quieres ayudarlas, cambia de conversación y habla de cosas buenas, si puedes, si no márchate. Cuando te vayas dedica tus poderosos pensamientos y sentimientos a ver a esa persona en buen estado y luego déjalo ir.

LISA NICHOLS

Digamos que hay dos personas, ambas tienen la misma enfermedad, pero una elige enfocarse en ser feliz. Elige vivir en la posibilidad y la esperanza, enfocarse en todas las razones por las que debería sentirse feliz y agradecida. Luego tienes a la otra. El mismo diagnóstico, pero ésta elige enfocarse en la enfermedad, el dolor y en el «¡Vaya me ha tocado a mí!».

BOB DOYLE

Cuando las personas están totalmente enfocadas en lo que está mal y en sus síntomas, los perpetúan. La sanación no se producirá hasta que cambien su enfoque, de estar enfermas a estar bien. Eso se debe a la ley de la atracción.

«Recordemos, siempre que podamos, que todo pensamiento desagradable, supone literalmente, poner algo malo en el cuerpo».

Prentice Mulford

DR. JOHN HAGELIN

Pensamientos más felices conducen a una bioquímica más feliz. A un cuerpo más feliz y saludable. Está demostrado que los pensamientos negativos y el estrés perjudican seriamente al cuerpo y al funcionamiento del cerebro, porque nuestros pensamientos y emociones están continuamente reconstruyendo, reorganizando y recreando nuestro cuerpo.

No importa lo que hayas manifestado respecto a tu cuerpo, puedes cambiarlo, interior y exteriormente. Empieza a tener pensamientos felices y empieza a *ser feliz*. La felicidad es un *sentimiento* de estado del ser. Tienes el dedo en la tecla de «sentirte feliz». Apriétala ahora y mantenla apretada con firmeza, pase lo que pase a tu alrededor.

DR. BEN JOHNSON

Elimina el estrés psicológico del cuerpo y éste hará aquello para lo que ha sido diseñado. Curarse.

No has de luchar para vencer una enfermedad. El sencillo proceso de dejar ir los pensamientos negativos permitirá que emerja tu estado de salud natural. Y tu cuerpo se curará a sí mismo.

MICHAEL BERNARD BECKWITH
He visto cómo se regeneraban riñones. He visto cánceres disolverse. He visto personas que han mejorado su visión o que incluso han vuelto a ver.

Antes de descubrir El Secreto hacía tres años que llevaba gafas para leer. Una noche, mientras leía sobre los orígenes de El Secreto en siglos anteriores, me di cuenta de que hacía el gesto de alcanzar mis gafas para ver lo que estaba leyendo. De pronto me detuve. Darme cuenta de lo que había hecho fue como si me hubiera alcanzado un rayo.

Había oído el mensaje de la sociedad de que la visión de cerca disminuye con la edad. Había visto a la gente estirar los brazos para poder leer algo. Yo había prestado mi atención a esa disminución de la vista propia de la edad y la había hecho. Sabía que lo que había provocado con mis pensamientos podía cambiarlo, así que inmediatamente me imagine viendo con toda claridad, como cuando tenía veintiún años. Me vi en restaurantes oscuros, en aviones y en mi ordenador leyendo claramente y sin esfuerzo. Repetí muchas veces: «Puedo ver con claridad. Puedo ver con claridad». Tuve sentimientos de gratitud y entusiasmo por tener una visión clara. A los tres días volvía a ver correctamente y ya no me he vuelto a poner las gafas para leer. *Veo con toda claridad.*

Cuando le conté al doctor Ben Johnson, uno de los maestros de *El Secreto*, lo que había hecho, me dijo:

«¿Te has dado cuenta de lo que les ha tenido que suceder a tus ojos para que pudieras conseguir eso en tres días?» «No, y doy gracias a Dios por no saberlo, ¡así ese pensamiento no ha podido infiltrarse en mi cabeza! Sólo sé que lo he hecho y que lo he podido hacer rápido», respondí. (A veces es mejor no tener tanta información).

El doctor Johnson consiguió eliminar una enfermedad «incurable» de su cuerpo, así que la restauración de mi visión me parecía una banalidad en comparación con el milagro de su propia historia. De hecho, esperaba recuperar la vista de la noche a la mañana, así que tres días no era ningún milagro para mí. Recuerda que el tiempo y el tamaño no existen en el Universo. Es tan fácil curar un grano como una enfermedad. El proceso es el mismo, la diferencia está en nuestra mente. De modo que si has atraído algún tipo de aflicción redúcela en tu mente al tamaño de un grano, libera todos los pensamientos negativos y luego enfócate en la salud perfecta.

Nada es Incurable

DR. JOHN DEMARTINI

Siempre digo que incurable significa «curable desde dentro».

Creo y sé que nada es incurable. En algún momento de nuestra historia, toda enfermedad considerada incurable se ha llegado a curar. En mi mente y en el mundo que yo mismo creo, la palabra «incurable» no existe. En este mundo hay mucho sitio para ti, ven y únete a mí y a todos los que estamos aquí. Es el mundo donde los «milagros» ocurren todos los días. Es un mundo donde reina la abundancia, donde todas las cosas buenas existen ahora dentro de ti. Parece el cielo, ¿verdad? Lo es.

MICHAEL BERNARD BECKWITH

Puedes cambiar tu vida y sanarte a ti mismo.

MORRIS GOODMAN

ESCRITOR Y ORADOR INTERNACIONAL

Mi historia empieza el 10 de marzo de1981. Ese día realmente cambió mi vida. Nunca olvidaré ese día. Me estrellé con mi avioneta. Terminé en el hospital totalmente paralizado. Mi médula espinal estaba aplastada, me había roto la primera y segunda vértebras cervicales, había perdido el reflejo de tragar, no podía ni comer ni beber, mi diafragma estaba destrozado, no podía respirar. Lo único que podía hacer era parpadear. Por supuesto, los médicos me dijeron que si sobrevivía sería como un vegetal el resto de mi vida. Lo único que podía hacer era abrir y cerrar los ojos. Ésa era la imagen que tenían de mí, pero no me importaba lo que pensaran. Lo que me importaba era lo que yo pensaba. Me visualicé volviendo a ser una persona normal, saliendo por mi propio pie del hospital.

Lo único que tenía para trabajar en el hospital era mi mente. Y con tu mente puedes volver a unir las cosas de nuevo.

Estaba con respiración asistida y me dijeron que nunca podría volver a respirar por mí mismo porque mi diafragma estaba destrozado. Pero una vocecita seguía diciéndome: «Respira, respira hondo». Al final me la quitaron. No pudieron dar ninguna explicación. No podía permitir que entrara en mi mente nada que pudiera distraerme de mi meta o de mi visión.

Me había propuesto la meta de salir del hospital por mi propio pie para Navidad. Y lo conseguí. Salí del hospital caminando. Me dijeron que no era posible. Ese día jamás lo olvidaré.

Si puede servir de algo a las personas que en estos momentos están sufriendo, si quisiera resumir mi vida y decirles lo que pueden hacer, usaría esta breve frase: «El hombre se convierte en lo que piensa».

A Morris Goodman se le conoce como El Hombre Milagro. Su historia fue elegida para *El Secreto* porque demuestra el insondable poder y el ilimitado potencial de la mente humana. Morris conocía el poder que había dentro de él para conseguir lo que había elegido pensar. Todo es posible. La historia de Morris Goodman ha inspirado a miles de personas a pensar, imaginar y *sentir* para recuperar su salud.

Transformó el mayor reto en el mayor regalo de su vida.

Desde el estreno de *El Secreto*, hemos recibido una lluvia de historias sobre la desaparición de todo tipo de enfermedades en personas que habían visto el documental. Cuando tienes fe todo es posible.

Sobre el tema de salud me gustaría terminar con estas iluminadoras palabras del doctor Ben Johnson: «Estamos entrando en la era de la medicina de la energía. En el Universo todo tiene una frecuencia y lo único que debes hacer es cambiarla o crear una frecuencia opuesta. Así de fácil es cambiar cualquier cosa en el mundo, tanto si es una enfermedad física como si es emocional o de cualquier otro tipo. Esto es inmenso. Es el mayor fenómeno con el que nos hemos encontrado en la historia».

Resumen de El Secreto

- El efecto placebo es un ejemplo de la ley de la atracción en acción. Cuando un paciente cree realmente que la pastilla va a curarle, recibe lo que cree y se cura.

- «Enfocarse en la salud perfecta» es algo que podemos hacer en nuestro·interior, a pesar de lo que esté sucediendo fuera.

- La risa atrae la felicidad, libera la negatividad y produce curaciones milagrosas.

- La enfermedad se retiene en el cuerpo a través del pensamiento, mediante la observación de la enfermedad y por la atención que le concedemos a la misma. Si no te encuentras bien, no hables de ello, a menos que quieras más malestar. Si escuchas hablar a los demás de su enfermedad, añades energía a su enfermedad.

- Las creencias respecto al envejecimiento sólo están en nuestra mente, libera ya esos pensamientos de tu conciencia. Enfócate en la salud y en la juventud eterna.

- No escuches los mensajes de la sociedad sobre las enfermedades y el envejecimiento. Los mensajes negativos note sirven de nada.

El Secreto y el Mundo

LISA NICHOLS

Las personas tienen la tendencia a ver las cosas que quieren y a decir: «Sí, me gusta eso. Lo quiero». Sin embargo, miran las cosas que no quieren y les conceden la misma energía, cuando no más, con la idea de que así acabarán con ellas, las eliminarán, las erradicarán. En nuestra sociedad nos hemos contentado con luchar contra las cosas. Luchar contra el cáncer, la pobreza, la guerra, las drogas, el terrorismo, la violencia. Tendemos a luchar contra todo lo que no queremos, lo que en realidad crea más lucha.

HALE DWOSKIN

PROFESSOR Y AUTOR DE EL MÉTODO SEDONA

Aquello en lo que nos enfocamos es lo que creamos. Si por ejemplo, somos contrarios a una guerra, una revolución o un padecimiento, estamos añadiendo más energía al conflicto. Estamos utilizando la fuerza y eso sólo crea más resistencia.

«Aquello a lo que te resistes persiste».

Carl Jung (1875-1961)

BOB DOYLE

La razón por la que persiste aquello a lo que te resistes es porque cuando lo haces, es como decir: «No, no quiero esto, porque hace que me sienta de esta manera, como me estoy sintiendo ahora». Entonces estás emitiendo una emoción muy fuerte de «Realmente, no me gusta este sentimiento», y es cuando viene hacia ti a toda prisa.

La resistencia a algo es como intentar cambiar las imágenes externas una vez han sido transmitidas. Es una tarea inútil. Has de ir hacia dentro y emitir una señal nueva con tus pensamientos y sentimientos para crear imágenes nuevas.

Cuando te resistes a lo que se ha manifestado estás aportando más energía y fuerza a esas imágenes que te desagradan y atraes más a una velocidad increíble. El acontecimiento o las circunstancias no pueden hacer más que ampliarse, porque es la ley del Universo.

JACK CANFIELD

El movimiento antibelicista crea más conflictos. El movimiento antidroga ha creado más drogadictos. Porque nos estamos enfocando en lo que no queremos, ¡en las drogas!.

LISA NICHOLS

La gente cree que si quiere eliminar algo se debe enfocar en ello. ¿Qué sentido tiene dedicar toda nuestra energía a un problema, en lugar de enfocarnos en la confianza, el amor, en la abundancia, la educación o la paz?.

JACK CANFIELD

La Madre Teresa era extraordinaria. «Nunca iré a una concentración antibelicista. Cuando hagáis una concentración a favor de la paz, invitadme», declaró. Lo sabía, entendía El Secreto. Basta con ver lo que manifestó en el mundo.

HALE DWOSKIN

Si eres antibelicista, sé pacifista. Si quieres erradicar el hambre del mundo, debes estar a favor de que las personas tengan suficiente para comer. Si estás en contra de algún político en particular, debes estar a favor de su oposición. Muchas veces las elecciones se decantan a favor de justamente la persona que tiene más gente en su contra, porque está obteniendo toda la energía y enfoque.

Todo en este mundo empezó con un pensamiento. Las grandes cosas se vuelven más grandes porque hay más personas que les conceden sus pensamientos cuando se han manifestado. Luego esos pensamientos y emociones hacen que ese acontecimiento siga en nuestras vidas y se engrandezca. Si apartáramos nuestra mente del mismo y nos enfocáramos en el amor, no podría existir. Se evaporaría y desaparecería.

«Recuerda, y ésta es una de las afirmaciones más difíciles y maravillosas de entender. Recuerda que sea cual sea la dificultad, esté donde esté, afecte a quien afecte, no tienes más paciente que tú, ni ninguna otra cosa que hacer que convencerte de la verdad que deseas ver manifestada».

Charles Haanel

JACK CANFIELD

Está bien darte cuenta de lo que no quieres, porque te ofrece el contraste para poder decir: «Esto es lo que quiero». Pero lo cierto es que si sólo hablas de lo que no quieres o de lo malo que es algo y si siempre lees sobre el mismo tema para comentarlo, lo único que haces es incrementarlo.

No puedes ayudar al mundo enfocándote en las cosas negativas. Cuando te enfocas en las cosas negativas del mundo, no sólo las amplías sino que aportas más negatividad a tu vida.

Cuando aparecen imágenes de algo que no quieres, de ti depende cambiar tu forma de pensar y emitir una señal nueva. Si se trata de una situación mundial, no eres impotente. Tienes *todo* el poder.

Enfócate en que todas las personas sean felices. Enfócate en la abundancia de comida. Ofrece tus poderosos pensamientos a lo que es necesario. Tienes el poder de dar mucho al mundo emitiendo sentimientos de amor y bienestar, a pesar de lo que esté sucediendo a tu alrededor.

JAMES RAY

Muchas veces la gente me dice: «Bueno, James, he de estar informado». Quizá tengas que estar informado, pero no desbordado.

Cuando descubrí El Secreto tomé la decisión de no ver las noticias o leer los periódicos, porque no me ayudaban a sentirme bien. No es que quiera culpar a las noticias de la televisión y a los periódicos de dar malas noticias. Como comunidad global somos responsables de las mismas. Pero compramos más periódicos cuando en los titulares se anuncia una gran tragedia. Las cadenas de noticias tienen sus máximos índices de audiencia cuando emiten un desastre internacional. Las televisiones y periódicos comunican más malas noticias porque como sociedad eso es lo que le estamos pidiendo. Los medios de comunicación son el efecto y nosotros la causa. ¡No es más que la ley de la atracción en acción!

Los servicios de noticias y la prensa cambiarían el tipo de noticias que nos transmiten si emitiéramos una nueva señal y nos enfocáramos en lo que queremos.

MICHAEL BERNARD BECKWITH

Aprende a estar inmóvil y aparta tu atención de lo que no quieres, y de toda la carga emocional que rodea a esa situación, y pon tu atención en lo que quieres experimentar... La energía fluye donde va la atención.

«Piensa de verdad y tus pensamientos saciarán la hambruna del mundo».

Horatio Bonar (1808-1889)

¿Estás empezando a ver el poder fenomenal que tienes en este mundo a través de tu existencia? Cuando te enfocas en las cosas buenas que te hacen sentir bien, estás atrayendo más cosas buenas al mundo. Al mismo tiempo, estás atrayendo más cosas buenas a tu vida. Cuando te sientes bien, elevas tu vida y ¡elevas al mundo!.

La ley es perfección en acción.

DR. JOHN DEMARTINI

Cuando la voz y la visión interior se vuelven más profundas, claras y altas que las opiniones del exterior, ¡has tomado las riendas de tú vida!.

LISA NICHOLS

Tu trabajo no es cambiar el mundo ni a las personas que te rodean. Tu trabajo es fluir con el Universo y celebrarlo dentro del mundo ya existente.

Eres el amo de tu vida y el Universo responde a todas tus órdenes. No te quedes boquiabierto ante las imágenes que puedan presentarse si no son las que tú esperabas. Responsabilízate de ellas, ilumínalas si puedes y libéralas. Luego piensa cosas nuevas sobre lo que quieres, siéntelas y da las gracias por lo que se ha hecho.

El Universo es Abundancia

DR JOE VITALE

Una de las preguntas que siempre me hacen es que si todo el mundo usara El Secreto y utilizara el Universo como un catálogo de venta por correo, ¿no se nos acabaría el material? ¿No buscaría todo el mundo lo que quiere y agotaría las existencias?

MICHAEL BERNARD BECKWITH

Lo bello de la enseñanza de El Secreto es que hay más que suficiente para todos.

Hay una mentira que actúa como un virus en la mente de la humanidad. Esa mentira es: «No hay suficiente. Hay carencia, limitación, no hay bastante». Esa mentira hace que las personas vivan con miedo, avaricia, tacañería. Y esos pensamientos de miedo avaricia, tacañería y carencia se convierten en su experiencia. El mundo vive en una pesadilla.

Lo cierto es que hay más que suficientes cosas buenas para todos. Hay ideas creativas de sobra. Hay poder de sobra. Hay amor de sobra. Hay felicidad de sobra. Todo esto le llega a una mente que es consciente de su propia naturaleza infinita.

Pensar que no hay suficiente es mirar sólo lo externo y creer que todo viene de fuera. Cuando haces eso, sin duda, verás carencia y limitación. Ahora sabes que nada procede del exterior y que todo lo que existe fue primero pensamiento y sentimiento en el interior. Tu mente es el poder creativo de todas las cosas. ¿Cómo puede haber escasez? Es imposible. Tu capacidad para pensar es ilimitada, igual que las cosas que puedes pensar para que se manifiesten. Todas las personas tenemos el mismo don. Cuando realmente *sabes* esto, piensas desde una mente que es consciente de su propia naturaleza infinita.

JAMES RAY

Todos los grandes maestros que han pisado este planeta nos han dicho que la vida era abundancia.

«La esencia de esta ley es que has de pensar en la abundancia; ver la abundancia, sentir la abundancia, creer en la abundancia. No permitas que los pensamientos de limitación entren en tu mente».

Robert Collier

JOHN ASSARAF

Cuando pensamos que los recursos son escasos, encontramos nuevos recursos con los que podemos conseguir las mismas cosas.

La historia verídica de un equipo de una empresa petrolera en Belice es un ejemplo del poder de la mente humana para atraer recursos. Los directores de la Belize Natural Energy Limited asistieron a un curso del prestigioso doctor Tony Quinn, especialista en fisiología humanista. Gracias al curso sobre poder mental del doctor Quinn los directivos se convencieron de que conseguirían materializar su imagen mental de Belice como país productor de petróleo. Se arriesgaron a dar un paso decisivo perforando para buscar petróleo en Spahish Lookout y en tan sólo un año su sueño y su visión se hizo realidad. Belize Natural Energy Limited encontró petróleo de la más alta calidad y en gran cantidad donde otras cincuenta compañías habían fracasado en encontrarlo. Belice se ha convertido en un país productor de petróleo porque un equipo extraordinario de personas creyó en el poder ilimitado de sus mentes.

Nada es limitado, ni los recursos ni ninguna otra cosa. Sólo existe limitación en la mente humana. Cuando abrimos nuestras mentes al poder creativo ilimitado, invocamos la abundancia, vemos y experimentamos un nuevo mundo.

DR. JOHN DEMARTINI

Aunque digamos que hay carencia, es porque no abrimos nuestra visión y vemos todo lo que nos rodea.

DR. JOE VITALE

Cuando las personas empiezan a vivir desde su corazón y se proponen conseguir lo que quieren, no se proponen las mismas cosas. Ésta es la belleza de todo esto. No todos queremos un BMW. No todos queremos a la misma persona. No todos queremos tener las mismas experiencias. No todos queremos la misma ropa. No todos queremos... (rellena el espacio en blanco).

Estás en este glorioso planeta dotado de este poder maravilloso ¡para crear tu vida! No existen límites para lo que puedes crear para Ti, ¡porque tu capacidad para pensar es ilimitada! Pero no puedes crear la vida de otras personas. No puedes pensar por ellas, y si intentas inculcar tus opiniones a los demás, sólo conseguirás atraer fuerzas semejantes hacia Ti. Deja que los demás creen la vida que deseen.

 MICHAEL BERNARD BECKWITH
Hay suficiente para todos. Si crees en ello, si eres capaz de verlo, si actúas con esa actitud, se te manifestará. Ésa es la verdad.

«Si tienes alguna carencia, si eres una víctima de la pobreza o de la enfermedad, es porque no crees o no entiendes el poder que tienes. No es que el Universo te dé sólo a ti. Está ofreciendo a todos por igual, no es parcial».

Robert Collier

El Universo se lo ofrece *todo a todas* las personas a través de la ley de la atracción. Tienes la capacidad de elegir lo que quieres experimentar. ¿Quieres que haya suficiente para ti y para todos? Entonces, elige eso y sé consciente de «Hay abundancia de todo», «Hay una reserva ilimitada», «Hay mucha grandeza». Todos tenemos la capacidad de conectar con esa reserva invisible a través de nuestros pensamientos y sentimientos, y traerla a nuestra experiencia. Elige para Ti, porque eres el único que puede hacerlo.

LISA NICHOLS

Todo lo que quieres —toda la felicidad, amor, abundancia, prosperidad, éxtasis— ya existe, está esperando a que lo tomes. Pero has de desearlo de verdad. Tienes que desearlo deliberadamente y cuando has deseado deliberadamente y te has lanzado a conseguir lo que deseas, el Universo te concede todo lo que quieres. Reconoce las cosas bellas y maravillosas que te rodean, bendícelas y alábalas. Por otra parte, con las cosas que actualmente no son como te gustaría, no pierdas el tiempo criticándolas o quejándote. Piensa en todo lo que deseas para conseguir más de eso.

Las sabias palabras de Lisa de «bendecir y alabar» las cosas que te rodean valen su peso en oro. ¡Alaba y bendice todas las cosas de tu vida! Cuando alabas o bendices, estás sintonizando con una de las frecuencias más altas de amor. En la Biblia, los hebreos utilizaban el acto de bendecir para atraer riqueza, salud y felicidad. Conocían el poder de la bendición. Para muchas personas el único momento en que bendicen a alguien es cuando estornudan, por lo que nunca han aprovechado uno de los grandes poderes que poseemos. El diccionario describe la palabra «bendecir» como «invocar el favor divino y conferir bienestar o prosperidad», por lo que empieza ahora a invocar el poder de bendecir en tu vida, bendícelo todo y a todos. Lo mismo sucede con la alabanza, cuando alabas a alguien o a algo estás dando amor, y cuando emites esa extraordinaria frecuencia, te volverá multiplicada por cien.

Alabar y bendecir disuelve toda la negatividad, alaba y bendice a tus enemigos. Si maldices a tus enemigos, esa maldición volverá hacia ti y te perjudicará. Si alabas y bendices, disuelves toda la negatividad y discordia; el amor de la alabanza y la bendición volverá hacia ti. Cuando alabas y bendices, sientes que has cambiado de frecuencia y recibes buenos sentimientos.

DR. DENIS WAITLEY

La mayoría de los líderes del pasado se perdieron lo mejor de El Secreto, que es delegar poder y compartir.

Éste es el mejor momento de la historia. Es la primera vez que tenemos la oportunidad de conseguir conocimiento al alcance de nuestra mano.

Con este conocimiento nos vamos volviendo conscientes: de la verdad del mundo y de nosotros mismos. Mis conocimientos más importantes de El Secreto respecto al tema del mundo proceden de las enseñanzas de Robert Collier, Prentice Mulford, Charles Haanel y Michael Bernard Beckwith. Con esos conocimientos adquirí mi libertad total. Espero de todo corazón que puedas experimentar esa misma libertad. Si lo consigues, a través de tu existencia y del poder de tus pensamientos, atraerás el mayor bien posible a este mundo y al futuro de la humanidad.

Resumen de El Secreto

- *Aquello a lo que te resistes es lo que atraes, porque estás fuertemente enfocado en ello con tu emoción. Para cambiar cualquier cosa, reclúyete en tu interior y emite una nueva señal con tus pensamientos.*

- *No puedes ayudar al mundo enfocándote en lo negativo. Cuando te enfocas en los acontecimientos negativos, no haces más que ampliarlos, además de atraer más cosas negativas a tu vida.*

- *En lugar de enfocarte en los problemas del mundo, pon atención y energía en el amor, la confianza, la abundancia, la educación y la paz.*

- *Nunca se acabarán las cosas buenas porque hay de sobra para todos. La vida es abundancia.*

- *Tienes el poder de conectar con la reserva ilimitada a través de tus pensamientos y sentimientos y atraer lo que desees a tu experiencia.*

- *Alaba y bendícelo todo en este mundo y disolverás la negatividad y la discordia, a la vez que sintonizarás con la frecuencia más alta del amor.*

El Secreto y Tú

DR. JOHN HAGELIN

Cuando miramos a nuestro alrededor, incluso aunque lo que miremos sean nuestros cuerpos, lo que vemos es la punta del iceberg.

BOB PROCTOR

Piensa por un momento. Mira tu mano. Parece sólida, pero en realidad no lo es. Si la pones bajo un microscopio de gran aumento verás que es una masa de energía vibratoria.

JOHN ASSARAF

Todo está hecho de la misma esencia, ya sea tu mano, el océano o una estrella.

DR. BEN JOHNSON

Todo es energía, voy a ayudarte a entender esto un poco mejor. Está el Universo, nuestra galaxia, nuestro planeta, las personas y dentro de este cuerpo tenemos los sistemas de órganos, las células, las moléculas y los átomos. Luego sólo hay energía. Podemos verlo de distintas formas, pero en esencia todo es energía.

Cuando descubrí El Secreto, quería saber la opinión de la ciencia y de la física respecto a este conocimiento. Lo que descubrí fue sorprendente. Una de las cosas más extraordinarias de vivir en esta época es que los descubrimientos de la física cuántica y de la nueva ciencia están en completa armonía con las enseñanzas El Secreto y con el conocimiento de todos los grandes maestros de la historia.

En la escuela nunca estudié ciencias o física, sin embargo, he leído libros sobre física cuántica y los he entendido perfectamente porque quería entenderlos. El estudio de la física cuántica me ha ayudado a comprender mejor El Secreto en un plano energético. Para muchas personas, sus creencias se fortalecen cuando ven una correlación perfecta entre el conocimiento de El Secreto y las teorías de la nueva ciencia.

Quiero explicarte de qué forma eres la torre de transmisión más potente del Universo. Dicho en palabras sencillas, toda la energía vibra en una frecuencia. Al ser energía, también vibras en una frecuencia y lo que determina tu frecuencia en cualquier momento son tus pensamientos y sentimientos. Todas las cosas que deseas también son energía, por lo tanto también vibran. *Todo* es energía.

Éste es el factor sorpresa. Cuando piensas en lo que

deseas y emites esa frecuencia, provocas que la energía de lo que tú quieres vibre en esa frecuencia y ¡lo atraes hacia Tí! A medida que te enfocas en lo que deseas, cambias la vibración de los átomos de ese objeto y provocas que vibre *hacia* Tí. La razón por la que eres la torre de transmisión más potente del Universo es porque tienes el poder de enfocar tu energía a través de tus pensamientos y de alterar las vibraciones de aquello en lo que te has enfocado, que a su vez se siente atraído hacia ti magnéticamente.

Cuando piensas y sientes esas cosas buenas que deseas, es porque has sintonizado con esa frecuencia, que hace que la energía de todas esas cosas vibre hacia ti y se manifiesta en tu vida. La ley de la atracción dice que lo semejante atrae a lo semejante. Eres como un imán energético, energetizas eléctricamente todas las cosas hacia ti, del mismo modo que te energetizas hacia todas las cosas que deseas. Los seres humanos administran su propia energía magnética, porque nadie puede pensar o sentir por ellos, por lo que son nuestros pensamientos y sentimientos los que crean nuestras frecuencias.

Hace casi cien años, antes de los descubrimientos científicos de este último siglo, Charles Haanel ya conocía el funcionamiento del Universo.

«La Mente Universal no sólo es inteligencia, sino sustancia, y esta sustancia es la fuerza de la atracción que agrupa a los electrones por la ley de la atracción para formar los átomos; los átomos a su vez se agrupan por esa misma ley para formar moléculas; las moléculas adoptan formas objetivas y nos encontramos con que la ley es la fuerza creadora que existe tras toda manifestación, no sólo de los átomos, sino de los mundos, del Universo, de todas las cosas que la imaginación pueda llegar a concebir».

Charles Haanel

BOB PROCTOR

No me importa en qué ciudad vivas, tienes suficiente poder en tu cuerpo, poder en potencia, para iluminar toda la ciudad durante casi una semana.

«Ser consciente de este poder es como ser un "cable con corriente". El Universo es el cable con corriente. Conduce suficiente intensidad como para responder a las situaciones de todas las personas. Cuando la mente individual conecta con la Mente Universal, recibe todo su poder».

Charles Haanel

JAMES RAY

La mayoría de las personas se identifican con este cuerpo finito, pero

no eres un cuerpo finito. Incluso bajo un microscopio de gran aumento eres un campo de energía Esto es lo que sabemos de la energía. Pregúntale a un físico cuántico «¿Qué crea el mundo?» «La energía», te responderá. «Bueno, pues describe la energía». «Muy bien, la energía ni se crea ni se destruye, ha existido y existirá siempre, todo lo que ha existido alguna vez seguirá existiendo, adopta una forma, la mantiene y la disuelve». Si le preguntas a un teólogo: «¿Qué creó el Universo?» «Dios», te responderá. «Bien, descríbeme a Dios». «No tiene principio ni fin, no puede ser creado ni destruido, todo lo que ha existido alguna vez seguirá existiendo, adopta una forma, la mantiene y la disuelve». Es la misma descripción con distinta terminología.

Así que si piensas que eres este «traje de carne» que va por ahí, vale más que reflexiones. ¡Eres un ser espiritual! Eres un campo de energía, que opera dentro de otro mayor.

¿Cómo te convierte todo esto en un ser espiritual? Para mí, la respuesta a esta pregunta es una de las partes más extraordinarias de las enseñanzas del El Secreto. Eres energía y la energia ni se crea ni se destruye. La energía sólo cambia de forma. ¡Y eso eres Tú! Tu verdadera esencia, tu energia pura siempre ha existido y siempre existirá. Nunca puedes *dejar de ser.*

En lo mas profundo de tu ser, lo sabes. ¿Puedes imaginar no ser? A pesar de todo lo que has visto y experimentado en tu vida. ¿Puedes imaginar dejar de ser? No puedes, porque es imposible. Eres energía eterna.

La Mente Universal

DR. JOHN HAGELIN

La mecánica cuántica lo confirma. La cosmología cuántica lo confirma. El Universo surge de un pensamiento y toda esta materia que nos rodea se ha creado a raíz de un pensamiento. En esencia nosotros somos el origen del Universo, y cuando entendemos ese poder a través de la experiencia, podemos empezar a ejercer nuestra autoridad y a conseguir cada vez más cosas. Podemos crear cualquier cosa. Podemos conocerlo todo desde el interior de nuestra propia conciencia, que en definitiva es la conciencia Universal que rige el Universo.

Según cómo utilicemos ese poder, de forma positiva o negativa, así será nuestro cuerpo en cuanto a salud y así será el entorno que nos creemos. Somos creadores, no sólo de nuestro propio destino, sino del destino del Universo.

Somos los creadores del Universo. No hay límite para el potencial humano. Sólo está el grado en que reconocemos esa profunda dinámica y la ejercitamos, el grado en que somos capaces de a manejar nuestro poder. Y eso está íntimamente relacionado con el plano de nuestros pensamientos.

Algunos de los más grandes maestros y avatares describen el Universo del mismo modo que el doctor Hagelin, diciendo que todo lo que existe es la Mente Universal y que no hay nada más que esa Mente única. Existe en todas las cosas. Esa Mente única es inteligencia pura, omnisciente, perfecta, lo es todo y está en todas partes. Si hay algo que sea la Mente Universal, y toda ella existe por entero en todas partes, ¡eres Tú!.

Permíteme que te ayude a comprender lo que eso significa para ti. Significa que *toda posibilidad ya existe.* Todo el conocimiento, los descubrimientos e inventos del futuro ya están en la Mente Universal en forma de posibilidades, a la espera de que la mente humana sintonice con ellas. Toda creación e invento en la historia de la humanidad ha surgido de la Mente Universal, tanto si la persona lo sabía conscientemente como si no.

¿Cómo podemos sintonizar con la Mente Universal? Siendo conscientes de ella y utilizando nuestra maravillosa imaginación. Mira a tu alrededor y observa las necesidades que están esperando a que alguien las satisfaga. Imagina si hubiera un gran invento para hacer esto o aquella otra cosa. Busca las necesidades que están esperando a que alguien las satisfaga. Imagina si hubiera un gran invento para hacer esto o aquella otra cosa. Busca las necesidades e imagina y piensa en su realización. No tienes que esforzarte en hacer un descubrimiento o un invento. La Mente Suprema contiene esa posibilidad. Lo único que has de hacer es mantener tu atención en el resultado final, imaginar que se cumple esa necesidad e invocar su manifestación. Cuando pides, sientes y crees, siempre recibes. Hay una reserva ilimitada de ideas esperando a que sintonices con ellas para poder manifestarse. Tu conciencia lo contiene todo.

«La Mente Divina es la realidad única e incomparable».

Charles Fillmore

JOHN ASSARAF

Todos estamos conectados. Lo único que sucede es que no lo vemos. No hay un «allí fuera» y un «allí dentro». Todo lo que hay en el Universo está conectado. No es más que un único campo de energía.

Lo mires como lo mires, el resultado sigue siendo el mismo. Todos somos Uno. Todos estamos conectados y formamos parte de un Campo de Energía Único, la Mente Suprema, la Conciencia Única o la Fuente Creativa. Llámalo como gustes, pero todos somos Uno.

Si ahora piensas en la ley de la atracción, consciente

de que todos somos Uno, verás que todo es perfección absoluta.

Comprenderás por qué tus pensamientos negativos sobre otra persona volverán a ti para perjudicarte. ¡Todos somos Uno!. No pueden hacerte daño a menos que invoques ese perjuicio emitiendo pensamientos y sentimientos negativos. Tienes libre albedrío para elegir, pero cuando tienes pensamientos y sentimientos negativos, te estás separando de esa Unidad y Bondad Absoluta. Reflexiona sobre cada una de tus emociones negativas y te darás cuenta de que todas se basan en el miedo. Proceden de pensamientos de separación y de verte separado de los demás.

La competitividad es un ejemplo de separación. En primer lugar, si eres competitivo es porque tienes una mentalidad de carencia, puesto que estás dando a entender que hay un suministro limitado. Estás diciendo que no hay suficiente para todos, por lo tanto hemos de competir y luchar para conseguir las cosas. Cuando compites nunca ganas, aunque creas que has ganado. Por la ley de la atracción, cuando compites atraes a más personas y circunstancias contra las que competir en todos los aspectos de tu vida, y al final acabas perdiendo. Todos somos Uno, por eso cuando compites, en última instancia, lo haces contra Ti. Tienes que erradicar la competitividad de tu mente y ser una mente creativa. Enfócate sólo en *tus* sueños, en *tus* visiones y elimina la competitividad en tu vida.

El Universo es el suministro y el suministrador universal de todas las cosas. Todo procede el Universo y te llega a *través* de las personas, circunstancias y acontecimientos por la ley de la atracción. Piensa en la ley de la atracción como la ley del suministro. Cuando emites la frecuencia perfecta de lo que quieres, las personas, circunstancias y acontecimientos perfectos se verán atraídos hacia ti.

No son las personas las que te están dando lo que deseas. Si retienes esa falsa creencia, experimentas carencia, porque estás contemplando el mundo exterior y a las personas como los suministradores. El verdadero suministro es el campo invisible, tanto si lo denominas Universo, Mente Suprema, Dios, Inteligencia Infinita o cualquier otra cosa. Siempre que recibes algo, recuerda que has sido tú quien lo ha atraído mediante la ley de la atracción, estando en la misma frecuencia que el Suministro Universal. La Inteligencia Universal que lo impregna todo ha movido a las personas, circunstancias y acontecimientos para darte eso, porque así es la ley.

LISA NICHOLS

Muchas veces nos distraemos con esta cosa llamada cuerpo y existencia física. Esto sólo contiene nuestro espíritu. Tu espíritu es tan grande que puede llenar una habitación. Eres vida eterna. Eres Dios manifestado en forma humana, hecho para la perfección.

MICHAEL BERNARD BECKWITH

Según las Escrituras podríamos decir que estamos hechos a imagen y semejanza de Dios. Podríamos decir que somos una forma más en la que el Universo es consciente de sí mismo. Podríamos decir que somos el campo infinito del despliegue de posibilidades. Todo eso sería cierto.

«El noventa y nueve por ciento de lo que eres es invisible e intangible».

R. Buckminster Fuller (1895-1983)

Eres Dios en un cuerpo físico. Eres Espíritu encarnado. Eres Vida Eterna expresándose como Tú. Eres un ser cósmico. Eres omnipotente. Eres omnisciente. Eres inteligencia pura. Eres perfección. Eres magnificencia. Eres el creador y estás creando la creación de Ti en este planeta.

JAMES RAY

Todas las tradiciones te han dicho que has sido creado a imagen y semejanza de la fuente creativa. Eso significa que tienes y eres el potencial de Dios y posees el poder para crear tu mundo.

Quizás hayas creado cosas maravillosas y dignas de ti, y quizá no. Lo que me gustaría que te plantearas es: «¿Son los resultados que has obtenido en tu vida lo que realmente querías? ¿Son dignos de ti?» Si no los son, entonces ¿no sería ahora el mejor momento para cambiarlos? Porque tienes el poder para hacerlo.

"«Todo el poder procede del interior y,

por lo tanto, está bajo nuestro
control».

Robert Collier

No eres tu Pasado

JACK CANFIELD

*Muchas personas se consideran víctimas
en la vida y suelen culpar a su pasado,
quizás a haber tenido un padre o una
madre que les ha maltratado o a tener una
familia disfuncional. La mayoría de los
psicólogos creen que el 85 por ciento de
familias son disfuncionales, así que de
pronto resulta que no eres el único.*

*Mis padres eran alcohólicos. Mi padre
abusó de mí. Mi madre se divorció cuando
yo tenía seis años... Casi todo el mundo
tiene una historia parecida. Lo que has de
plantearte es: ¿qué vas a hacer ahora?
¿Qué vas a elegir ahora? Porque puedes
enfocarte en eso o enfocarte en lo que
deseas. Cuando las personas empiezan a
enfocarte en lo que desean, lo que no
quieren desaparece y lo que quieren se
expande.*

«Una persona que enfoca su mente en el
lado oscuro de la vida, que vive y revive los

infortunios y decepciones del pasado, está pidiendo infortunios y decepciones similares para el futuro. Si no ves nada más que mala suerte en el futuro, estás invocando esa mala suerte y seguro que la conseguirás».

Prentice Mulford

Si contemplas tu vida retrospectivamente y te enfocas en las dificultades del pasado, estás atrayendo más circunstancias difíciles hacia Ti. Libéralo todo, no importa lo que sea. Hazlo por Tí. Si guardas rencor o culpabilizas a alguien por algo que te ha sucedido en el pasado, sólo te estás perjudicando a Ti mismo. Tú eres el único que puede crear la vida que te mereces. Cuando te enfocas deliberadamente en lo que quieres, empiezas a irradiar buenos sentimientos, la ley de la atracción te responderá. Lo único que debes hacer es empezar, y cuando lo haces, liberas la magia.

LISA NICHOLS

Tú eres el que diseña tu destino. Eres el autor. Escribes la historia. La pluma está en tu mano y el resultado es el que elijas.

MICHAEL BERNARD BECKWÍTH

Lo bello de la ley de la atracción es que puedes empezar donde te encuentras en estos momentos y puedes empezar a pensar, «a pensar de verdad», y puedes empezar a generar en tu interior un sentimiento de armonía y felicidad. La ley comenzará a responder.

DR. JOE VITALE

Ahora empiezas a cambiar de creencias como «Hay más que suficiente para todos en el Universo» o «No me estoy haciendo más mayor, sino más joven». Podemos crearlo como gustemos, utilizando le ley de la atracción.

MICHAEL BERNARD BECKWITH

Y puedes liberarte de tus patrones hereditarios, códigos y creencias sociales, y demostrar de una vez por todas que el poder que hay en tu interior es mayor que el poder que encierra el mundo.

DR. FRED ALAN WOLF

Puede que pienses: «Bueno, todo eso es muy bonito, pero no puedo hacerlo», o «¡Ella no me dejará hacer aquello!», o «Él nunca me dejará hacer esto», o «No tengo bastante dinero para hacer esto», o «No soy lo bastante fuerte para hacer aquello», o «No soy lo bastante rico para esto», o «No soy, no soy, no soy».

¡Cada «No soy» es una creación!

Es recomendable que cada vez que dices «No soy» seas consciente de ello y pienses que estás creando lo que dices. Esta poderosa enseñanza del doctor Wolf también ha sido respaldada por los más grandes maestros con las palabras *Yo soy.* Cuando dices «Yo soy», las palabras que siguen están invocando la creación con una poderosa fuerza, porque estás declarando que es un hecho. Lo estás afirmando con certeza. Por eso inmediatamente después de haber dicho: «Yo soy pobre», «Yo soy guapo», «Yo soy feliz», «Yo soy gordo», «Yo soy generoso», «Yo soy viejo», el genio dice: «Tus deseos son órdenes».

Sabiendo esto, ¿no te parece una buena idea utilizar estas dos poderosas palabras, *YO SOY,* a tu favor? Por ejemplo: «YO SOY todo lo bueno. YO SOY feliz. YO SOY rico. YO SOY salud. YO SOY amor. YO SOY puntual. YO SOY juventud eterna. YO SOY una fuente de energía todos los días de mi vida».

Charles Haanel, en su libro *The Master Key System,* dice que hay una afirmación que incorpora todas las cosas que un ser humano puede desear y que dicha afirmación aportará condiciones armoniosas a todas las cosas. «La razón para que sea así es porque esa afirmación está en total concordancia con la Verdad, y cuando la Verdad se manifiesta, todo error o discordancia ha de desaparecer».

La afirmación es la siguiente: «Yo soy completo, perfecto, fuerte, poderoso, amoroso, armonioso y feliz».

Si te parece una gran hazaña sacar lo que deseas de

lo invisible para materializarlo en el mundo visible, prueba este atajo; ve lo que deseas como un *hecho* consumado. Esto manifestará lo que deseas a la velocidad de la luz. En el mismo segundo en que pides, tu pedido es un *hecho* consumado en el campo espiritual del Universo, y ese campo es todo lo que existe. Debes saber que cuando concibes algo en tu mente, eso que concibes es un *hecho*, y no hay duda de su manifestación.

«No hay límites para lo que esta ley puede hacer por ti; atrévete a creer en tu propio ideal, piensa en ese ideal como algo que ya se ha producido».

Charles Haanel

Cuando Henry Ford aportó su visión del vehículo a motor a nuestro mundo, las personas que tenía a su alrededor le ridiculizaron y pensaron que se había vuelto loco por perseguir semejante «extravagancia». Henry Ford tenía mucho más conocimiento que esas personas que le ridiculizaban, conocía El Secreto y conocía las leyes del Universo.

«Tanto si crees que puedes como si crees que no puedes, estás en lo cierto».

Henry Ford (1863-1947)

¿Crees que puedes? Puedes conseguir todo lo que te propongas con este conocimiento. En el pasado puede que hayas subestimado lo brillante que eres. Pero ahora sabes que eres la Mente Suprema y que puedes extraer todo lo que desees de esa Mente Suprema Única: inventos, inspiraciones, respuestas, cualquier cosa. Puedes hacer todo lo que te propongas. Eres un genio que supera toda descripción, empieza a repetirle esto y sé consciente de lo que realmente eres.

MICHAEL BERNARD BECKWITH

¿Existe alguna limitación? Ninguna en absoluto. Somos seres ilimitados. No tenemos tope. Las aptitudes, talentos, dones y poder que hay en el interior de todo ser humano de este planeta, son ilimitados.

Sé Consciente de tus Pensamientos

Toda tu fuerza reside en tu capacidad de ser consciente de ese poder y en *retener* ese poder en tu conciencia.

La mente puede ser como un tren de vapor fuera de control. Te puede llevar al pasado y al futuro,

El Secreto

recopilando los malos momentos del pasado y proyectándolos al futuro. Esos pensamientos descontrolados también crean. Cuando eres consciente, estás en el presente y sabes lo que estás pensando. Cuando controlas tus pensamientos, tienes el poder.

Entonces, ¿cómo podemos ser más conscientes? Una forma de *detenernos* y preguntarnos: « ¿Qué estoy pensando ahora? ¿Qué estoy sintiendo ahora?». En el momento en que te planteas la pregunta eres consciente, porque tu mente ha regresado al presente.

Cuando piensas en ellos vuelves a la conciencia del ahora. Hazlo cientos de veces al día, recuerda, todo tu poder reside en ser consciente del mismo. Michael Bernard Beckwith resume lo que supone ser consciente de este poder diciendo: «¡Recuerda recordar!» Esas palabras se han convertido en el estribillo de mi vida.

Para ayudarme a ser más consciente de *recordarme recordar*, le pedí al Universo que me diera un *ligero* empujoncito para devolverme al presente siempre que mi mente estuviera dispersa y «de fiesta» a costa mía. Ese ligero empujoncito se manifiesta cuando me doy un golpecito, se me cae algo, oigo un ruido, una sirena o una alarma. Todas estas cosas son señales de que mi mente se ha dispersado y que he de volver al presente. Cuando recibo estas señales me paro y me pregunto: «¿En qué estoy pensando? ¿Qué estoy sintiendo? ¿Soy consciente?» Por supuesto, en el momento en que me hago esas preguntas, soy consciente. En el momento en que te preguntas si eres consciente, eres consciente. Eres consciente.

«El verdadero secreto del poder es
ser consciente del mismo».

Charles Haanel

Cuando eres consciente del poder de El Secreto y
empiezas a usarlo, todas tus preguntas son
respondidas. Cuando empiezas a tener un
entendimiento más profundo de la ley de la atracción,
puedes comenzar a plantearte preguntas de forma
habitual. A medida que lo vayas haciendo, irás
recibiendo la respuesta a cada una de ellas. Puedes
empezar a usar este libro con ese fin. Si estás
buscando una respuesta o una guía sobre algún
tema en tu vida, hazte la pregunta, cree que vas a
recibir y luego abre este libro al azar. En el lugar
donde se haya abierto estará el consejo y la respuesta
que estás buscando.

La verdad es que el Universo te ha estado
respondiendo durante toda tu vida, pero no puedes
recibir las respuestas a menos que seas consciente de
las mismas. Sé consciente de todo lo que te rodea,
porque estás recibiendo las respuestas a tus
preguntas en cada instante del día. Los canales a
través de los cuales pueden llegar son *ilimitados*.
Pueden llegar a un titular de un periódico que llama
tu atención, a través de una conversación ajena, de
una canción, de la radio, de un logotipo en un
camión que pasa o por medio de una inspiración
repentina. ¡*Recuerda recordar* y sé consciente!

En mi vida y observando la de otras personas he
descubierto que no tenemos buenos pensamientos

respecto a nosotros mismos, ni nos queremos demasiado. No querernos puede *impedir* que llegue a nuestra vida eso que tanto anhelamos. Cuando no nos amamos, apartamos las cosas de nuestra vida.

Todo lo que queremos, sea lo que sea, está motivado por el amor. Tener esas cosas que queremos —juventud, dinero, la pareja perfecta, trabajo, cuerpo o salud— nos permite experimentar sentimientos de *amor*. Para atraer lo que queremos, hemos de transmitir amor, y esas cosas aparecerán inmediatamente.

Para transmitir la frecuencia más alta de amor, debes quererte, y eso a muchas personas les cuesta bastante. Si te enfocas en el exterior y en lo que estás viendo ahora, puedes confundirte, porque lo que ves y sientes ahora es el resultado de lo que *solías* pensar. Si no te quieres, la persona a la que estás viendo en estos momentos probablemente estará llena de los defectos que has encontrado en ti.

Para amarte plenamente tienes que enfocarte en una nueva dimensión de Ti. Debes enfocarte en la *presencia* que hay en tu interior. Siéntate en silencio un momento. Enfócate en el sentimiento de la *presencia* interior, ésta empezará a revelarse. Es un sentimiento de amor puro y de beatitud, es la perfección. Esa *presencia* es la perfección de Ti. Esa *presencia* es tu *verdadero* Yo. Al enfocarte en esa presencia, cuando te sientas amor y alabes esa presencia, te estarás amando plenamente, y es muy probable que sea la primera vez en tu vida que lo hagas.

Siempre que te veas con   ojos críticos, cambia inmediatamente tu enfoque hacia esa *presencia* interior y se te revelará su perfección. Con esto todas las imperfecciones que se hayan manifestado en tu vida se disolverán, porque las imperfecciones no pueden existir ante esa presencia. Tanto si deseas recuperar tu vista como hacer desaparecer una enfermedad y recobrar el bienestar, transmutar la pobreza en abundancia, invertir el proceso y la degeneración del envejecimiento o erradicar cualquier pensamiento negativo, enfócate en esa presencia interior y mímala, entonces se manifestará la perfección.

«La verdad absoluta es que el "Yo" es perfecto y completo; el verdadero "Yo" es espiritual, y por lo tanto no puede ser más que perfecto; no puede carecer de nada, ni estar limitado o padecer enfermedad alguna».

Charles Haanel

Resumen de El Secreto

- *Todo es energía. Eres un imán de energía, por lo tanto energetizas eléctricamente todas las cosas para que vengan hacia ti, y te energetizas para ir hacia todas las cosas.*

- *Eres un ser espiritual Eres energía, y la energía ni se crea ni se destruye; sólo cambia de forma. Por consiguiente, tu esencia pura no tiene principio ni fin.*

- *El Universo ha surgido de un pensamiento. Somos los creadores no sólo de nuestro destino, sino del propio Universo.*

- *Tienes a tu alcance una reserva ilimitada de ideas. Todo el conocimiento, descubrimiento e inventos se encuentran en la Mente Universal en forma de posibilidades, a la espera de que la mente humana haga uso de ellas. Tu conciencia lo encierra todo.*

- *Todos estamos conectados y todos somos Uno.*

- *Olvida las dificultades del pasado, los códigos culturales y las creencias sociales. Eres el único que puede crear la vida que te mereces.*

- *Un atajo para manifestar tus deseos es ver lo que quieres como un hecho consumado.*

- *Tu poder está en tus pensamientos, sé consciente. En otras palabras, «Recuerda recordar».*

El Secreto y la Vida

NEALE DONALD WALSCH

*ESCRITOR, ORADOR
INTERNACIONAL E
MENSAJERO ESPIRITUAL*

*No hay una pizarra en el cielo donde
Dios haya escrito tu propósito, tu misión
en la vida. No hay una pizarra en el cielo
que diga: «Neale Donald Walsch. Un
hombre atractivo que vivió en la primera
mitad del siglo XXI, que...» y luego un
espacio en blanco. Si así fuera, lo único
que tendría que hacer para entender
realmente qué estoy haciendo aquí y por
qué estoy aquí sería encontrar esa
pizarra y descubrir qué es lo que Dios
tiene reservado para mí. Pero esa pizarra
no existe.*

*De modo que tu propósito es lo que dices
que es. Tu misión es la misión que tú
mismo te encomiendas. Tu vida será
como tú la crees, y nadie va a juzgarte
pro ello, ni ahora ni nunca.*

Has de rellenar el espacio de la pizarra de tu vida
con lo que desees. Si lo has rellenado con equipaje
del pasado, haz limpieza. Borra todo aquello del

pasado que no te sirva y da las gracias porque te ha conducido adonde te encuentras ahora y a un nuevo comienzo. Quédate con una pizarra en blanco y empieza de nuevo, aquí y ahora. ¡Descubre tu felicidad y vívela!.

JACK CANFIELD

Me costó mucho llegar a este punto, porque me eduqué con la idea de que había algo que se suponía que debía hacer, y que si no lo hacía, Dios no estaría contento conmigo.

Cuando comprendí realmente que mi meta primordial era sentir y experimentar felicidad, empecé a hacer sólo aquellas cosas que me aportaban felicidad. Yo tengo una norma: «¡Si no es divertido no lo hago!»

NEALE DONALD WALSCH

Felicidad, amor, libertad, dicha, risas. Eso es lo que es. Si sólo experimentas dicha sentado y meditando durante una hora, ¡que caray!, hazlo. Si disfrutas comiendo un bocadillo de salami, ¡hazlo!

JACK CANFIELD

Cuando acarició a mi gato, siento verdadera felicidad. Cuando paseo por

*la montaña, siento verdadera felicidad.
Quiero estar siempre en ese estado, y
cuando lo estoy, lo único que he de
hacer es tener la intención de lo que
deseo y lo que deseo se manifiesta.*

Haz las cosas que te gustan y que te hacen feliz. Si no
sabes qué es lo que te hace feliz, plantéate la
pregunta «¿Qué es lo que me hace feliz?» Cuando lo
descubras, comprométete con ello, con la felicidad, la
ley de la atracción te lanzará una lluvia de cosas
buenas, personas, circunstancias, acontecimientos y
oportunidades en tu vida porque estarás irradiando
felicidad.

DR. JOHN HAGELIN

*La felicidad interior es lo que en realidad
alimenta el éxito.*

Sé feliz *ahora*. Siéntete bien *ahora*. Esto es lo único
que has de hacer. Aunque sólo sea esto lo que
obtengas de leer este libro, ya habrás recibido la
mayor parte de El Secreto.

DR. JOHN GRAY

*Cualquier cosa que te ayude a sentirte
mejor siempre atraerá más de lo
mismo.*

*Ahora estás leyendo este libro. Has
sido tú quien ha atraído esto a tu vida
y en tu mano está tomarlo y utilizarlo,*

si te gusta. Si no te gusta, olvídalo.
Busca algo que te haba sentirte bien,
que resuene en tu interior.

El conocimiento de El Secreto se te está revelando y lo que hagas con él está totalmente en tus manos. Elijas lo que elijas, para Ti será correcto. Tanto si optas por usarlo como por no hacerlo, habrás de elegir. La libertad de elección es tuya.

«Persigue tu dicha y el universo abrirá puertas donde antes sólo había muros».

Joseph Campbell

LISA NICHOLS

Cuando persigues tu dicha vives en un espacio constante de felicidad. Te abres a la abundancia del Universo. Estás entusiasmado por compartir tu vida con tus seres queridos, y tu entusiasmo, pasión y gozo se vuelven contagiosos.

DR. JOE VITALE

Esto es lo que hago casi constantemente —persigo mi entusiasmo, mi pasión, mi alegría— y lo hago a lo largo de todo el día.

BOB PROCTOR

¡Disfruta de la vida, porque la vida es

fenomenal! ¡Es un viaje estupendo!

MARIE DIAMOND

Vivirás en una realidad diferente, una vida diferente. La gente te mirará y te dirá: «¿Qué es lo que te hace diferente de mí?» Bueno, lo único que es diferente es que tú trabajas con El Secreto.

MORRIS GOODMAN

Entonces puedes hacer, tener y ser cosas que la gente había calificado de imposibles para ti.

DR. FRED ALAN WOLF

Estamos entrando en una nueva era. Es la era donde la última frontera no es el espacio, como dirían en Star Trek, sino la Mente.

DR. JOHN HAGELIN

Veo un futuro con potencial y posibilidades ilimitados. Recuerda que estamos usando como mucho un 5 por ciento del potencial de lamente humana. El cien por cien del potencial de la mente humana es el resultado de la educación adecuada. Imagina un mundo donde todas las personas utilizan todo su potencial mental y emocional. Podríamos ir a todas partes. Podríamos hacerlo todo. Conseguir cualquier cosa.

Esta época de nuestro glorioso planeta es el momento más excitante de la historia. Vamos a ver y experimentar lo imposible haciéndose realidad, en todos los campos del empeño humano y en todos los temas. A medida que vayamos abandonando todos los pensamientos de limitación y seamos conscientes de que somos ilimitados, iremos experimentando la ilimitada magnificencia de la humanidad, expresándose a través del deporte, la salud, el arte, la tecnología, la ciencia, y en todos los campos de la creación.

Acepta tu Magnificencia

BOB PROCTOR

Contémplate con el bien que tanto deseas. Todos los libros de religión nos lo dicen, todas las grandes obras de la filosofía, todos los grandes maestros, los avatares. Estudia a los sabios. A muchos ya te los hemos presentado en este libro. Todos han entendido una cosa. Han entendido El Secreto. Ahora tú también lo entiendes. Cuanto más lo uses, más lo entenderás.

El Secreto está dentro de ti. Cuanto más uses tu poder interior, más lo atraerás hacia ti. Llegará un momento en que no necesitarás practicar más, porque tú Serás el poder, tú Serás la perfección, tú Serás la sabiduría, tú Serás la inteligencia, tú Serás el amor, tú Serás la felicidad.

LISA NICHOLS

Has llegado a este momento de tu vida simplemente porque había algo que te decía: «Te mereces ser feliz». Has nacido para aportar algo, para aportar algún valor a este mundo. Simplemente, para ser algo, más grande y mejor de lo que eras ayer.

Todas las cosas por las que has pasado, todos los momentos de tu vida, han sido para prepararte para este momento. Imagina lo que puedes hacer a partir de ahora con todo lo que sabes. Ahora entiendes que eres el creador de tu destino. ¿Cuántas más cosas tienes que hacer? ¿Cuántas mas cosas has de ser? ¿A cuántas mas personas bendecirás por el mero hecho de existir? ¿Cómo vas a atrapar el momento? Nadie puede bailar tu baile, nadie puede cantar tu canción, nadie más puede escribir tu historia. ¡Lo que eres y lo que haces empieza ahora!

MICHAEL BERNARD BECKWITH

Creo que eres extraordinario, que hay algo espléndido en ti. No importa lo que te haya pasado en la vida. No importa la edad que tengas. En el momento en que empiezas a «pensar apropiadamente», ese algo que está en tu interior, ese poder interior que es más grande que el mundo, empezará a emerger. Se apoderará de tu vida. Te alimentará, te arropará, te guiará, te protegerá, te dirigirá y sustentará tu existencia, si le dejas. Eso lo sé con toda seguridad.

La tierra cambia su órbita por Ti. Las mareas suben y bajan por Ti. Los pájaros cantan por Ti. El sol sale y se pone por Ti. Las estrellas brillan por Ti. Todas las cosas bellas que ves, todas las cosas maravillosas que experimentas, existen por Ti. Mira a tu alrededor. Nada puede existir sin Ti. No importa quién creyeras ser, ahora conoces la Verdad e Quién Eres Realmente. Eres el amo del Universo. Eres el heredero del reino. Eres la perfección de la Vida. Y ahora conoces El Secreto.
¡Que la felicidad sea contigo!

«El Secreto es la respuesta a todo lo
que ha existido, a todo lo que existe y
a todo lo que existirá».

Ralph Waldo Emerson

Resumen de El Secreto

- Has de rellenar el espacio en blanco de la pizarra de tu vida con aquello que más desees.

- Lo único que debes hacer es sentirte bien ahora.

- Cuanto más utilices tu poder interior, más poder atraerás hacia ti.

- Ahora es el momento de aceptar tu magnificencia.

- Estamos en medio de una era gloriosa. Cuando abandonemos nuestros pensamientos limitadores, experimentaremos la verdadera magnificencia de la humanidad en todos los aspectos de la creación.

- Haz lo que te gusta. Si no sabes qué es, pregúntate: «¿Qué es lo que me hace feliz?» Cuando te comprometes con tu felicidad atraerás una avalancha de cosas buenas porque estarás irradiando felicidad.

- Ahora que conoces El Secreto, lo que hagas con él es cosa tuya. Todo lo que elijas será correcto. El poder es tuyo.

Biografías

JOHN ASSARAF

John Assaraf, antiguo *niño de la calle*, es ahora un autor internacional de superventas, orador y asesor empresarial, comprometido con ayudar a los empresarios a generar más riqueza sin dejar de vivir una vida extraordinaria. John ha dedicado los últimos veinticinco años de su vida a investigar el cerebro humano, la física cuántica y las estrategias comerciales, puesto que están relacionadas con el éxito en los negocios y en la vida. Al aplicar lo que ha aprendido, John ha creado cuatro empresas multimillonarias desde cero, y ahora comparte sus extraordinarias ideas sobre la creación de negocios y la generación de riqueza con directivos y propietarios de pequeñas y medianas empresas de todo el planeta. Para saber más sobre él puedes visitar su web: www.onecoach.com.

MICHAEL BERNARD BECKWITH

En 1986, el doctor Beckwith, progresista transreligioso, no alineado, fundó el Agape International Spiritual Center, con diez mil miembros en Estados Unidos y cientos de miles de amigos y afiliados en todo el mundo. Participa en mesas redondas con luminarias espirituales como Su Santidad el Dalai Lama, el doctor A.T. Ariyaratne, fundador de Sarvodaya, y Arun Gandhi, nieto de Mohandas K. Gandhi. Es cofundador de la Association for Global New Thought (Asociación para el Nuevo Pensamiento Global), cuya conferencia anual reúne a los científicos, economistas, artistas y líderes espirituales más destacados de la actualidad encargados de guiar a la humanidad para desarrollar su máximo potencial.

El doctor Beckwith enseña meditación y oración científica, dirige retiros y participa en congresos y seminarios. Es el creador del Life Wisioning Process (Proceso de Visualización de la Vida) y autor de *Inspirations of the Heart, 40 Day Mind Fas Soul Feast* y *A Manifesto of Peace*. Para más información visita la web: www.agapelive.com.

GENEVIEVE BEHREND (c. 1881-c. 1960)

Genevieve Behrend estudió con el gran juez Thomas Troward, uno de los primeros maestros de la metafísica espiritual y autor de *Mental Science*. Thomas Troward eligió a Behrend como única discípula, y ella enseñó, dio conferencias y practicó la «ciencia mental» en Norteamérica durante treinta y cinco años, también escribió libros tan populares como *Your Invisible Power* e *Attaining Your Heart's Desire*.

LEE BROWER

Lee Brower es fundador y director de Empowered Wealth, una compañía internacional que ofrece a las empresas, fundaciones, familias y particulares sistemas y soluciones para su Núcleo, Experiencia, Contribución y Gestión Económica. También es el fundador de *The Brower Quadrant Living Experience, SRL,* una empresa que da formación y titulación a una red internacional de asesores de Quadrant Living. Lee es coautor de *Wealth Enhancement and Preservation* e autor de *The Brower Quadrant.* Se pueden visitar sus dos webs: www.empoweredwealth.com y www.quadrantliving.com

JACK CANFI ELI

Jack Canfield es autor de *Los principios del éxito*®, coautor de la exitosa serie *Sopa de pollo para el alma,* que en la actualidad cuenta ya con cien millones de copias impresas. Es el principal experto norteamericano en crear avances decisivos para empresarios, presidentes de grandes compañías, gerentes, profesionales de las ventas, empleados y educadores. Ha ayudado a cientos de miles de personas a alcanzar sus sueños. Para mas información visita: www.jackcanfield.com.

ROBERT COLLIER (1885-1950)

Robert Collier fue un prolífico y exitoso escritor norteamericano. Todos sus libros, entre los que se encuentran *The Secret of the Ages* y *Riches Wühin Your Reach,* se basan en su extensa investigación metafísica y en su creencia personal de que el éxito, la felicidad y la abundancia son fáciles de alcanzar y que todos tenemos derecho a conseguirlos. Los pasajes seleccionados en este libro han sido extraídos de la colección de siete volúmenes *The Secret of the Ages* con el generoso consentimiento de Robert Collier Publications.

DR. JOHN F. DEMARTINI

MÉDICO QUIROPRÁCTICO Y LICENCIADO EN CIENCIAS.

Cuando era pequeño le diagnosticaron problemas de aprendizaje, John Demartini ahora es médico quiropráctico, filósofo, escritor y orador internacional. Durante muchos años tuvo una clínica de quiropraxia y hasta fue nombrado Quiropráctico del Año. Ahora Dermatini asesora a profesionales de la salud, imparte conferencias y escribe sobre temas de sanación y filosofía. Sus metodologías de transformación personal han ayudado a miles de personas a encontrar un mayor orden y felicidad en sus vidas. Es autor, entre otras obras, de *Dar gracias a la vida* y *La experiencia descubrimiento* (ambas publicadas por Urano). Su web es: www.drdemartini.com.

MARIE DIAMOND

Marie es conocida internacional-mente como maestra de feng shui, lleva más de veinte años en esta práctica y ha ido refinando el conocimiento que recibió a una temprana edad. Ha aconsejado a muchas celebridades de Hollywood, a directores y productores, a estrellas de la música y a escritores famosos. Ha ayudado a muchos personales públicos a generar más éxito en todas las áreas de su vida. Marie ha creado *Diamond Feng Shui*, *Diamond Dowsing e Inner Diamond Feng Shui* para unir la ley de la atracción en un entorno individual. Su web es: www.mariediamond.com .

MIKE DOOLEY

Mike no es ni maestro ni orador «profesional». Es un «aventurero de la vida». Ha navegado con éxito por los mares de las grandes corporaciones y empresas. Tras vivir por todo el mundo trabajando para Price Waterhouse, en 1989 cofundó Totally Unique Thoughts (TUT) para comercializar al mayor y al por menor sus objetos de regalo inspiracionales. La empresa empezó desde cero hasta convertirse en una cadena de tiendas regional. Posteriormente sus productos se comercializaron en los grandes almacenes de todo el país, hasta cruzar las fronteras para llegar a todos los consumidores del mundo a través de sus centros de distribución en Japón, Arabia Saudí y Suiza. Se han vendido más de un millón de camisetas Totally Unique®. En el año 2000, TUT se transformó en un club de aventureros filósofos y dementes afines, que en la actualidad cuenta con más de 60.000 aventureros de más de 169 países. Es autor de numerosos libros, entre los que se incluyen tres volúmenes de *Notes from de Universe* y el programa de audio reconocido internacionalmente *Infinite Possibilities: The Art of*

Living Your Dreams. Para conocer más sobre Mike y TUT visita la web: www.tut.com.

BOB DOYLE

Es el creador y el *facilitador* del programa Wealth Beyond Reason (Riqueza más allá de la Razón), un poderoso material multimedia sobre la ley de la atracción y su aplicación práctica. Bob se centra en la ciencia de la ley de la atracción para ayudarte a activar intencionadamante esta ley en tu vida y para atraer riqueza, éxito, relaciones sorprendentes y todo lo que desees. Para más información visita la web: www.wealthbeyondreason.com.

HALE DWOSKIN

Autor del superventas *The Sedona Method*, Hale Dwoskin se dedica a liberar a las personas de sus creencias limitadoras para que puedan conseguir todo lo que desean sus corazones. El Método Sedona es una técnica única y poderosa que nos enseña a liberarnos de nuestros sentimientos, creencias y actitudes limitadoras y dolorosas. Hale lleva enseñando estos principios a grandes empresas y a particulares de todo el mundo durante los últimos treinta años. Su web es: www.sedona.com .

MORRIS GOODMAN

Apodado El Hombre Milagro, Morris Goodman llenó las portadas de los periódicos en 1981, cuando se recuperó de las terribles lesiones que sufrió al estrellarse con su avioneta. Le dijeron que nunca más volvería a andar, hablar o a tener una vida medianamente normal, pero en la actualidad Morris viaja por el mundo inspirando a miles de personas con su asombrosa historia. La esposa de Morris, Cathy Goodman, también ha participado en *The Secret — El Secreto*, contándonos su propia historia inspiradora de autosanación. Para conocer más visita: www.themiracleman.org.

JOHN GRAY, PH.D.

John Gray es autor de Los hombres son de Marte, las mujeres son de Venus, libro que trata sobre las relaciones y que fue un superventas durante la pasada década —se han vendido más de treinta millones de ejemplares—. Ha escrito otros catorce superventas y dirige seminarios con miles de participantes. Su labor principal es ayudar a hombres y mujeres a comprender, respetar y apreciar sus diferencias tanto en sus relaciones personales como profesionales. Su nuevo libro es *The Mars and Venus Diet and Exercise Solution*. Para conocer más visita su web: www.marsvenus.com.

CHARLES HAANEL (1866-1949)

Charles Haanel fue un exitoso hombre de negocios norteamericano y autor de varios libros, todos ellos reflejaban las ideas y los métodos que él mismo utilizó para conseguir la abundancia en su vida. Su obra más famosa, *The Master Key System*, donde da sus veinticuatro lecciones semanales para la grandeza, sigue siendo tan popular como cuando se publicó en 1912.

JOHN HAGELIN, PH.D.

El doctor John Hagelin es un renombrado físico cuántico, educador y experto en administración pública. Su libro *Manual for a Perfect Government* explica cómo resolver los principales problemas de la sociedad y del medio ambiente para crear un mundo pacífico a través de una política que esté en armonía con las leyes de la naturaleza. John Hagelin recibió el prestigioso Kilby Award, que reconoce a los científicos que han hecho grandes contribuciones a la sociedad. También fue candidato a la presidencia de Estados Unidos por el Partido de la Ley Natural en el año 2000. John es considerado uno de los más grandes científicos del planeta. Su web es: www.hagelin.org.

BILL HARRIS

Bill Harris es orador profesional, maestro y dueño de un negocio. Tras estudiar las investigaciones antiguas y actuales sobre la naturaleza de la mente y las técnicas de transformación, Bill creó Holosync, una tecnología de audio que propicia una meditación profunda. Su

empresa, Centerpointe Research Institute, ha
ayudado a miles de personas en todo el mundo a vivir
más felices y con menos estrés. Para más información
visita su web: www.centerpointe.com.

DR. BEN JOHNSON M.D., N.M.D.,
D.O.

**Dr. en medicina, médico naturista,
osteópata.**

El doctor Ben Johnson,
originalmente médico alópata, se intereso en la
sanación mediante la energía tras superar una grave
enfermedad por métodos no convencionales. Está
principalmente interesado en The Healing Codes (Los
Códigos de la Sanación), una forma de sanación
descubierta por el doctor Alex Lloyd. Actualmente el
doctor Johnson y el doctor Lloyd, dirigen The Healing
Codes Company, que distribuye las enseñanzas. Su
web es: www.healingcodes.com.

LORAL LANGEME1ER
Loral Langemeier es la fundadora de
Live Out Loud, que proporciona
formación financiera y aopyo a las
personas que quieren conseguir sus
metas económicas. Está convencida
de que nuestros pensameintos son la clave para
forjar nuestra riqueza y ha ayudado a muchas
personas a hacerse millonarias. Loral transmite su
conocimiento y pericia a empresas y particulares. Su
web es: www.liveoutloud.com

PRENTICE MULFORD (1834-1891)

Prentice Mulford, uno de los primeros escritores y fundadores del movimiento Nuevo Pensamiento, vivió recluido la mayor parte de su vida. Ha incluido en innumerables escritores y maestros con su obra, que trata de las leyes mentales y espirituales. Entre sus obras se encuentran *Thoughts Are Things* y *The White Cross Library*, una colección de sus múltiples ensayos.

LISA NICHOLS

Lisa Nichols es una gran defensora de la delegación personal de poder. Es fundadora y presidenta de *Motivating the Masses and Motivating the Teen Spirit*, dos extensos programas dirigidos a producir profundos cambios en las vidas de los adolescentes, mujeres y empresarios, a la vez que ofrecen servicios al sistema educativo, empresas organizaciones dedicadas a la promoción de la delegación de poder y programas basados en la fe. Lisa es coautora de *Chicken Soup for the African American Soul*, de la famosa serie (*Sopa de pollo para el alma*). Su web es: www.lisa-nichols.com.

BOB PROCTOR

La sabiduría de Bob Proctor procede de un linaje de grandes maestros. Comenzó con Andrew Carnegie que se la traspasó a Napoleon Hill, quien a su vez se la traspasó a Earl

Nightingale, Earl Nightingale le pasó la antorcha de la sabiduría a Bob Proctor. Bob ha trabajado en el área del potencial mental durante cuarenta años. Viaja por todo el mundo enseñando El Secreto, ayudando a empresas y particulares a crear vidas llenas de prosperidad y abundancia a través de la ley de la atracción. Es autor del superventas *You Were Born Rich*. Para mas información visita la web: www.bobproctor.com.

JAMES ARTHUR RAY

Estudioso de los principios de la verdadera riqueza y prosperidad durante toda su vida. James ha diseñado The Science of Success and Harmonic Wealth® (La Ciencia del Éxito y la Riqueza Armónica), que enseña a las personas a recibir resultados ilimitados en todas las áreas: financiera, relaciones, intelectual, física y espiritual. Sus sistemas de actuación personal, programas de formación corporativos y ayudas de coaching se utilizan en todo el mundo. Imparte conferencias regularmente sobre la verdadera riqueza, el éxito y el potencial humano. James también es un experto en muchas tradiciones orientales, indígenas y místicas. Visita su web: www.jamesray.com.

DAVID SCHIRMER

David Schirmer es un próspero agente de bolsa, inversor y formador bursátil que dirige seminarios, talleres y cursos. Su empresa, Trading Edge, enseña a las personas a crear ingesos ilimitados desarrollando una actitud mental que conduce a la riqueza. Los análisis de Schirmer de los mercados de valores y materias primas de Australia y del extranjero gozan de muy buena reputación por su habitual precisión. Para conocer más sobre él visita su web: www.tradingedge.com.au.

MARCI SHIMOFF, MBA

Máster en Administración de Emrpesas

Marci Shimoff es coautora de los grandes éxitos *Sopa de pollo para el alma de la mujer* y *Sopa de pollo para el alma de la madre*. Es líder transformacional y habla apasionadamente sobre el desarrollo personal y la felicidad. Su trabajo está especialmente dirigido a ensalzar las vidas de las mujeres. También es cofundadora y presidenta de The Esteem Group, empresa que ofrece programas inspiracionales y de autoestima para mujeres. Su web es: www.marcishimoff.com.

DR. JOE VITALE, MSC.D.

Joe Vitale fue un indigente hace veinte años. Ahora es considerado uno de los mejores especialistas de marketing del mundo. Ha escrito muchos libros respecto a los principios del éxito y la abundancia, incluidos *Life's Missing Instruction Manual*, *Hypnotic Writing* y *The Attractor Factor*, todos ellos números uno en ventas. Joe tiene un doctorado en metafísica y es hipnotizador titulado, metafísico, pastor y sanador de Chi Kung. Visita su web: www.mrfire.com.

DR. DENIS WAITLEY, PH.D.

El doctor Waitley es uno de los escritores, oradores y asesores sobre el alto rendimiento humano más respetados de todo Estados Unidos. Fue contratado para entrenar a los astronautas de la NASA y posteriormente puso en práctica el mismo programa con los atletas olímpicos. Su álbum de audio, *The Psychology of Winning*, es un programa de autodominio número uno de ventas, también es autor de quince libros de no ficción, entre los que se encuentran varios superventas. Su web es: www.waitley.com

NEALE DONALD WALSCH

Neale Donald Walsch es un mensajero espiritual moderno y autor de la exitosa serie de tres libros *Conversations with God,* que superó todos los récords de ventas de la lista de *New York Times*. Neale ha publicado veintidós libros, así como programas en vídeo y audio, y viaja por todo el mundo transmitiendo el mensaje de una Nueva Espiritualidad. Para contactar con él visita su web: www.nealedonaldwalsch.com

WALLACE WATTLES (1860-1911)

El norteamericano Wallace Wattles dedicó muchos años al estudio de

varias religiones y filosofías antes de empezar a escribir sobre los principios del Nuevo Pensamiento. La prolífica obra de Wattles ha tenido un significativo impacto en los maestros de la prosperidad y el éxito actuales. Su obra más famosa es *La ciencia de hacerse rico,* publicada en 1910.

FRED ALAN WOLF, PH.D.

Fred Alan Wolf es físico, escritor y orador con un doctorado en física teórica. El doctor Wolf ha dado clases en universidades de todo el mundo y su trabajo sobre física cuántica y la conciencia es de sobra conocido a través de sus obras. Ha escrito doce libros entre los que se encuentra *Taking the Quantum Leap,* que ganó el National Book Award. Actualmente el doctor Wolf sigue escribiendo y dando conferencias por todo el mundo, a la vez que prosigue con su fascinante investigación de la relación de la física cuántica y la conciencia. Visita su página web: www.fredalanwolf.com

Que El Secreto te traiga amor y feli̅‌‌‌‌‌‌‌‌‌‌‌‌‌‌‌‌‌‌‌‌‌
durante toda tu exis̅‌‌‌‌ncia.

Esa es mi intención para ti
y para el mundo.

Para experimentar más, visita www.thesecret.tv